LE POULPE

TOUCHE PAS À MES DEUX SEINS

COLLECTION DIRIGÉE PAR JEAN-BERNARD POUY

ISBN : 2-84219-273-7

ISSN : 1265-986X

LE POULPE

martin winckler

TOUCHE PAS
À MES DEUX SEINS

LE POULPE

ÉDITIONS BALEINE

Du même auteur

Romans et essais :

Les Miroirs de la vie, *Le Passage, 2002*
Contraceptions, *Le Diable Vauvert, 2001*
Le Mystère Marcoeur, *L'Amourier, 2001*
En soignant, en écrivant, *Indigène, 2000*
Guide Totem des séries (en coll. avec Christophe Petit)
Larousse 1999
La Maladie de Sachs, *P. O. L, 1998 (Livre Inter 1998)*
Les Nouvelles Séries 1996-1997
(en coll. avec Alain Carrazé)
Huitième Art, 1997
L'Affaire Grimaudi (en coll. avec Claude Pujade-Renaud,
Alain Absire, Jean-Claude Bologne, Michel Host,
Dominique Noguez, Daniel Zimmermann)
Le Rocher, 1995
Mission : Impossible (en coll. avec Alain Carrazé)
Huitième Art, 1993
La Vacation, *P. O. L, 1989*

Traductions :

Chronique du Jazz de Melvyn Cooke, *Abbeville, 1998*
Le Journaliste de Harry Mathews, *P. O. L, 1997*
Canards mortels de Patrick Macnee, *Huitième Art, 1996*
L'Article de la mort de Patrick Macnee
Huitième Art, 1995
Giandomenico Tiepolo de Harry Mathews, *Flohic, 1993*
Cuisine de pays de Harry Mathews, *P. O. L, 1990*
La Maîtresse de Wittgenstein de David Markson
P. O. L, 1990

À Léo Malet,
Joseph Bialot,
Edward D. Hoch
et Ramón Gómez de la Serna...

Prologue

Un grand patron

CHU de Tourmens,
Bloc opératoire n° 2, 13h15

– Bien... Allez, mon garçon, cette fois-ci, je vous laisse terminer... Vous ferez le compte rendu et nous le relirons ensemble, n'est-ce pas ?

L'interne qui vient de lui servir d'aide opératoire n'en croit pas ses oreilles. Le professeur Goffin lui laisse terminer l'intervention ! Il regarde la panseuse qui lui tend déjà de quoi faire un surjet. Pendant que son interne referme la cicatrice abdominale, Édouard Goffin, cinquante ans, professeur agrégé de gynécologie-obstétrique à la faculté de médecine de Tourmens, jette ses instruments dans le haricot métallique, s'écarte de la table d'intervention et tend les bras à l'horizontale. L'aide-soignante qui ne le quitte pas d'une semelle se précipite pour lui ôter ses gants, sa blouse et son masque. Il salue l'anesthésiste, remercie la panseuse, encourage une dernière fois l'interne et quitte le bloc. Quelques minutes plus tard, dans le vestiaire où il vient de remettre son costume, Goffin se plante devant le miroir et, hochant la tête d'un air satisfait, ajuste son nœud papillon.

Grand amphithéâtre de la faculté de médecine, 15 heures

Sous les rires des carabins, le professeur Goffin commente les diapositives du cours consacré à l'anatomie et à la physiologie du sein. L'amphithéâtre est plein à craquer. Tous les étudiants le savent, ces deux heures d'enseignement sont les seules que Goffin dispense personnellement, et il ne faut pas les rater. Chaque année, plusieurs questions de l'examen de gynécologie portent sur ce cours, et le professeur glisse pendant sa prestation des informations ne figurant dans aucun livre ou polycopié... D'un œil amusé, Goffin scrute les réactions de « sa » salle, les jeunes filles sages, les garçons aux aguets, les mains étreignant un stylo ou posées sur un magnétophone portatif, les visages nerveux ou à moitié endormis. Il marque une pause puis, murmurant très près du micro, il se remet à décrire, photographies à l'appui, le bouton virginal du sein prépubère, la courbe naissante du sein adolescent, le galbe altier du sein adulte, la plénitude du sein gravidique, les crevasses du mamelon allaitant, la flétrissure des poitrines ménopausées.

– Souvenez-vous, messieurs, que toute la vie physiologique de la femme se lit sur sa poitrine...

La salle, pourtant majoritairement féminine, bruisse de commentaires grivois.

– Allons, allons, murmure Goffin, complice. Comme vous le montre cette diapositive d'une patiente ménopausée, le sein de la femme de plus de quarante-cinq ans justifie presque toujours des retouches chirurgicales importantes. Sauf, évidemment, lorsque ces dames ne tiennent plus à plaire...

– Connard !

Une silhouette s'est levée dans la salle. C'est un jeune homme mal rasé, à lunettes rondes et catogan.

– Je vous demande pardon ?

– Vous êtes un sale con ! J'en ai marre de vous entendre parler comme ça.

Le jeune homme se tourne vers ses camarades.

– Et vous, j'en ai marre de vous voir supporter ça sans rien dire.

L'assemblée s'anime, des sifflets retentissent, de timides applaudissements s'éteignent presque aussitôt. L'étudiant ramasse ses affaires et sort en claquant la porte de l'amphithéâtre.

– Eh bien, peut-être ce monsieur aime-t-il les seins qui tombent. Il en faut pour tous les goûts, n'est-ce pas ? Même pour les gérontophiles...

Une rafale de rires et de francs applaudissements salue la fine remarque. Goffin savoure ses effets. Puis, brusquement, il dit, plus fort :

– Et sa mauvaise humeur ne l'aidera pas à passer son certificat, n'est-ce pas ?

Le silence retombe, les mains se crispent sur les stylos et le professeur Goffin reprend ses descriptions, non sans noter mentalement qu'il faudra identifier le nom de l'inconscient qui vient de le défier. Il ne devrait pas être très difficile de lui faire repasser quelques certificats en septembre. Depuis qu'il a opéré la secrétaire du doyen chargée de l'administration des examens, elle ne demande qu'à lui rendre service.

Consultations de gynécologie-obstétrique, 17h30

Après avoir raccompagné la sœur d'un sénateur (« C'est si gentil à vous de m'avoir reçue aujourd'hui, professeur ! – Je vous en prie, chère madame, c'est tout naturel... »), le professeur Édouard Goffin passe sans la regarder devant Denise, sa secrétaire, et lui murmure : « J'ai une lettre à vous dicter. » Denise saisit bloc et stylo et le suit dans le bureau.

Confortablement installé devant la grande baie vitrée, le professeur Goffin se met à dicter :

– À Monsieur le Professeur Carpacci... Mon cher confrère, j'ai opéré comme convenu il y a quelques jours votre... cousine, mademoiselle Géraud Christiane de son... kyste ovarien. L'intervention s'est bien passée. Les suites ne posent aucun problème. Mademoiselle Géraud ne gardera aucune séquelle fâcheuse de... l'incident, qui ne devrait plus se reproduire. Je vous remercie de me l'avoir confiée. Je reste à votre disposition. Je vous prie de croire, etc. Vous me la ferez signer avant que je reparte ?

– Oui, monsieur.

– Vous faites un double que vous rangez dans le dossier « Kystes », comme d'habitude, et vous effacez le fichier...

– Comme d'habitude, monsieur.

– Merci, Denise. Voulez-vous faire entrer la patiente suivante ?

Maternité, salle de travail n° 3, 18h55

– Alors, ma chérie, où en sommes-nous ?

La sage-femme déteste que Goffin l'appelle « ma chérie », terme par lequel il désigne toutes les sages-femmes. Avant qu'elle puisse réagir, le mandarin l'écarte de la table de travail. Finissant d'enfiler une paire de gants stériles, il se penche vers le sexe béant de la parturiente, glisse l'index entre le crâne chevelu du fœtus et la paroi du vagin, tandis que de l'autre main il appuie avec force sur l'abdomen rebondi. La femme pousse un cri. « Ne craignez rien, madame, vous êtes en de bonnes mains. » Prise d'une nausée, la sage-femme recule de deux pas. Debout près de la table de travail et déjà ébranlé par les heures de souffrance qu'elle vient de traverser, le compagnon de la future mère n'en mène pas large. Paralysé à l'idée que l'accouchement puisse mal tourner, il se tait. Vingt minutes plus tard, Goffin fait transférer le nouveau-né en réanimation néonatale.

Canal 12, studio 4, 21h40

Le professeur Goffin tripote tendrement son nœud papillon. La table ronde sur la prévention du cancer du sein, à laquelle il vient de participer en duplex avec le ministre et plusieurs autres personnalités, touche à sa fin. Tout s'est bien passé. L'animateur de « La Santé dans l'Hexagone » l'a plusieurs fois remercié de s'être joint à l'émission malgré son emploi du temps très chargé, il a cité neuf fois le titre de son dernier livre, qui a été banc-titré à quatre reprises pendant l'une des longues interventions de Goffin, et l'un des techniciens de la chaîne vient de lui glisser un message le prévenant que, comme il est d'usage à chacune de ses prestations télévisées, son éditeur a commandé le tirage d'une trentaine de milliers d'exemplaires de l'ouvrage. Pour couronner le tout, le ministre a rendu hommage au travail de pionnier du professeur dans le domaine du cancer du sein, et Goffin sait ce que cela signifie : l'autorisation ministérielle sollicitée pour tester les nouvelles chimiothérapies va lui être accordée. Il n'est pas étonné outre mesure par la décision du ministre, qui lui est très reconnaissant d'avoir opéré sa... nièce.

En entendant le journaliste conclure, Goffin soupire d'aise. La journée a été bonne mais le meilleur est encore à venir. Après l'émission, il retrouve la délicieuse Geneviève, épouse de son confrère et ami, le professeur Alphonse Carpacci, titulaire de la chaire de chirurgie orthopédique et député-maire de Tourmens. Les élections municipales sont proches, Carpacci est en campagne et, les soirs où il l'abandonne, Geneviève dîne à l'hôtel *Continental*. C'est le cas ce soir. Heureux hasard, Alice Goffin passe la journée à Paris et doit dormir chez sa sœur. Le professeur va pouvoir honorer la belle Geneviève comme elle le mérite. Ce n'est pas la première fois qu'il la retrouve ainsi, et il adopte toujours le même rituel. Juste avant l'émission, il est allé réserver une chambre au *Continental* et a demandé qu'on lui confie l'une des deux clés de la chambre. Le réceptionniste connaît très bien le professeur, dont les pourboires figurent parmi les plus élevés de toute la clientèle. « Devons-nous mettre une bouteille de Dom Pérignon au frais, monsieur ? » a-t-il demandé. Sans répondre, Goffin lui a glissé un gros billet.

Hôtel Continental, *22h15*

Le professeur Goffin confie sa Jaguar au chasseur et pénètre dans la salle de restaurant. Pendant qu'il se laisse guider vers une table libre, il aperçoit Geneviève Carpacci. Elle en est au café. Il s'approche d'elle, lui prend la main et s'incline galamment. Geneviève Carpacci l'invite à s'asseoir, il la remercie. « Juste un instant, je dîne légèrement avant de rentrer chez moi, une dure journée demain, vous me comprenez. » Pendant qu'ils échangent quelques paroles, Goffin dévore la jeune femme des yeux. Carpacci a soixante-trois ans, il en est à sa quatrième épouse et les aime beaucoup plus jeunes que lui. Comment le lui reprocher ? Geneviève est délicieuse. Une grande et belle bouche, une poitrine somptueuse, un cul à l'avenant. Au bout de quelques minutes passées sous le regard de son interlocuteur, madame Carpacci prend congé, il se fait tard. Goffin la raccompagne jusqu'à l'entrée du restaurant, l'aide à passer son manteau, la salue, et retourne s'installer à la table qui lui est réservée. À peine s'est-il assis que le maître d'hôtel dépose devant lui la spécialité du chef – le cuissot grand veneur sur lit de pleurotes aux larmes de Vénus – arrosée d'un graves d'une excellente année. Goffin mange lentement, déguste sa viande et boit exactement la moitié de la bouteille. Au début du repas, il a discrètement glissé dans son verre d'eau un comprimé soluble de Rut497, vasodilatateur expérimental originellement mis au point par les laboratoires Smith & Jones pour lutter contre les insuffisances vasculaires cérébrales, mais doté d'un effet secondaire tout à fait intéressant. Son cher confrère et ami, Paul Margousin, professeur de neurochirurgie, a testé la molécule dans son service, il y a quelques mois. Il lui a révélé que le Rut497 provoque, une demi-heure après la prise, une érection très ferme, indolore, miraculeusement compatible avec plusieurs éjaculations successives et – heureusement – spontanément réversible au bout de deux heures. Cet effet secondaire est bien entendu sans intérêt chez les patients atteints de ramollissement cérébral – « sauf lorsque les infirmières de nuit se sentent un peu seules, évidemment... », a commenté Paul Margousin avec son humour de pince-sans-rire –, mais est fort apprécié par le petit groupe d'initiés dont font partie les deux hommes. Goffin dit n'en avoir pas vraiment besoin mais, comme ses collègues, il est régulièrement fourni en Rut497 par le représentant de Smith & Jones, en échange de la prescription de leur produit phare (un anti-inflammatoire) à toutes ses patientes souffrant de règles douloureuses. Cela fait à peine vingt minutes qu'il a pris son comprimé et, déjà, son pantalon est trop serré.

À 22h55 très précises, le professeur Goffin abandonne sa serviette sur la table et, après avoir laissé un généreux pourboire à l'intention du sommelier, sort du restaurant de l'hôtel *Continental*. Il traverse le hall jusqu'aux ascenseurs. Pendant que la cabine l'emporte vers le neuvième étage, il rajuste son nœud papillon.

Hôtel Continental, *9e étage, 22h58*

Édouard Goffin entre dans l'antichambre de la suite 911. Il allume le plafonnier, ouvre la porte du salon, ôte son veston, le pose sur le dossier d'une chaise puis pousse la double porte vitrée qui sépare le salon de la chambre. Nue dans le grand lit de la suite, Geneviève Carpacci somnole, sous l'effet du vin et des tranquillisants légers qu'elle a pris pendant le repas. Étant donné le goût prononcé de Goffin pour la sodomie et la fermeté de l'érection que procure le Rut497, la jeune femme préfère être bien détendue.

117, avenue Napoléon, 1h45 du matin

Édouard Goffin sort de sa Jaguar et traverse le parking en direction de l'ascenseur. Au passage, il note mentalement le numéro d'immatriculation d'une voiture garée sur la place de parking de son épouse. Certes, Alice est absente, mais ça n'est pas une raison... Une fois dans l'ascenseur, il tripote son col et se rend compte qu'il a oublié son nœud papillon au chevet de la belle Geneviève. Bah, ça lui fera un souvenir... Après avoir vérifié qu'aucune marque sur son visage ne trahit les deux heures qu'il vient de passer avec elle – « et quel bonheur, deux femmes qui portent le même parfum... » –, il hausse les épaules : cette précaution est inutile, puisque Alice ne rentre pas ce soir. Il n'aura pas à inventer d'excuse. Il sort de l'ascenseur, prend ses clés et pénètre dans l'appartement. Comme chaque fois qu'il rentre tard, il jette négligemment son imperméable sur un fauteuil de l'entrée, omet d'allumer le plafonnier et, guidé par les lumières de la ville à travers les grandes baies vitrées, passe dans le salon. Debout au milieu de la pièce, une silhouette se tient immobile. Derrière elle, au loin, les eaux paisibles de la Tourmente serpentent sous la pleine lune.

– Alice ?

Pour toute réponse, la silhouette crache une flamme tandis qu'une détonation retentit dans la pièce. La balle disloque le genou du mandarin qui se retrouve à terre, hurlant de douleur. L'ombre s'approche lentement de lui, le regarde geindre et gesticuler une bonne minute puis, glissant le canon de l'arme dans la bouche grimaçante du professeur de gynécologie-obstétrique, elle murmure : « Alice ne vit plus ici... » et fait feu.

1

Le jour se lève

Paris, avenue Ledru-Rollin

– Là, je te parie qu'il est en train de lire le truc sur le flingage du toubib ! dit Gérard, en déposant l'express devant la femme debout au zinc. Déjà que c'est la morte-saison, si Gabriel s'en va-t-en guerre, je vais plus pouvoir causer à personne, moi !

– Quel toubib ? demande la blonde plus très jeune, visiblement éprouvée par une nuit difficile.

Elle se retourne. Seul autre client du *Pied de Porc* à cette heure de la matinée, Gabriel est assis à une table, *France-Soir* ouvert devant lui. Il secoue la tête comme s'il ne comprenait pas ce qu'il lisait. La blonde Micheline, prostituée de son état et cliente du café-restaurant, connaît bien les deux hommes et a déjà maintes fois assisté à des scènes similaires, mais ce qu'elle devine aujourd'hui sur le visage de Gabriel n'est pas habituel. Elle l'entend dire distinctement :

– Ah, l'ordure, il a vachement morflé !

Elle abandonne son express et se plante au côté du lecteur.

– Dis, Gabriel, c'est pas un coup des commandos anti-IVG, au moins ? Pasqu'à force de regarder des téléfilms, j'ai toujours peur que ça leur donne des idées et qu'ils se mettent à tirer sur les médecins des centres...

Gabriel éclate d'un rire tonitruant.

– Non, ma belle, c'est plutôt le contraire. Le professeur Goffin s'occupait beaucoup des femmes, mais pas de la même manière que le docteur Sachs...

Micheline le regarde sans comprendre.

– Qui ça ?

– Tu connais pas... Lui, en revanche, il connaissait Goffin comme moi...

– Qui c'était, ce toubib ? Qu'est-ce qui lui est arrivé ? Pourquoi on l'a buté ?

Gabriel tire une chaise près de lui et invite Micheline à s'asseoir.

– Alors, dans l'ordre, primo : c'était un grand patron de la faculté de Tourmens. Tu vois où c'est, Tourmens ?

– Hé, je t'en prie ; on peut tapiner et connaître sa géographie !

– Pardon... Deuzio : il y a deux nuits, en rentrant chez lui, il a reçu plusieurs bastos, dont une en pleine poire.

– Aou !

– Et tertio : mystère. Tiens, lis l'article et t'en sauras autant que moi.

Tandis que Micheline plonge sur le journal, Gabriel, pensif, se lève et se plante face à la porte, les mains dans les poches. De l'autre côté de l'avenue Ledru-Rollin, deux jeunes gens déchargent des cageots de tomates devant l'épicerie.

– Alors, lance Gérard, étonné par le mutisme de Gabriel, c'est sa bourgeoise qui lui a fait la peau ?

– Ils ne disent pas, répond Gabriel. D'après l'article, c'est la femme de ménage qui l'a retrouvé, saigné comme un porc sur la moquette du salon. Alice, enfin, sa femme, était absente pour la soirée, apparemment.

– Les flics ont pas l'air de la croire, ricane Gérard.

Gabriel se retourne.

– Tu sais quelque chose que je sais pas ?

– J'ai entendu ça à la radio, ce matin. Il paraît qu'elle a passé la journée d'hier chez le juge d'instruction. Me dis pas que tu vas t'intéresser à un règlement de compte entre grands bourgeois...

Gabriel soupire.

– C'est pas un règlement de compte entre grands bourgeois...

Étonné par le ton de la voix de Gabriel, Gérard cesse d'essuyer ses verres et s'accoude sur le comptoir.

– Qu'est-ce que t'en sais ? Tu les connaissais ? Depuis quand tu fréquentes les médecins ? Tu baisais sa femme, ou quoi ?

Gabriel ne répond pas.

– Alors, elle était comment ?

– Ta gueule, Gérard, t'es lourd...

– Ah ben c'est la première fois que je t'entends pas te vanter d'avoir allumé une poulette !

Micheline s'est levée, elle s'approche de Gabriel et pose la main sur son bras.

– Arrête, Gérard, je l'ai jamais vu comme ça. On dirait qu'il a perdu son père et sa mère.

Gabriel la regarde et se force à sourire.

– T'es une gentille fille.

– Non, je suis pas gentille. Tu sais que je t'aime bien. Et plus que ça. Tu m'en veux pas de te le dire toujours ?

– Et toi, tu m'en veux pas de toujours te dire non ?

– Ça y est, s'exclame Gérard, j'ai droit à Roméo et Juliette, maintenant ! Qu'est-ce qui te prend, Lecouvreur ? Tu vas te faire moine ?

Sans un mot, Gabriel prend sa veste sur la chaise et sort.

– T'es vraiment épais, toi, tu sais ! lance Micheline à Gérard.

2

Quai des Orfèvres

Tourmens, palais de justice

Devant la porte du procureur, le juge Watteau pense à Louis Jouvet. Il aurait voulu être aussi grand, aussi maigre, aussi sec que lui. Il aurait voulu avoir le même regard farouche sur ses supérieurs, l'air de dire « vous pouvez toujours palabrer, ça ne m'empêchera pas de penser ». Il aurait voulu... Mais il n'est pas Jouvet. Bon, au moins, il tente de son mieux de mettre *un peu d'art dans la vie* végétative du système judiciaire français...

Il frappe.

– Entrez !

Il entre et referme la porte en la repoussant derrière lui. Le procureur Desaix lui désigne un siège.

– Asseyez-vous, Watteau. Vous savez pourquoi je vous ai fait venir ?

Watteau s'assied en tirant légèrement sur son pantalon et croise les jambes. Il défait le bouton de sa veste, croise les doigts, incline la tête sur le côté et fixe son interlocuteur.

– J'ai ma petite idée...

Desaix ôte ses lunettes et se frotte les yeux.

– L'assassinat de Goffin tombe très, très mal...

– Je ne connais pas d'assassinat qui tombe bien, monsieur...

Desaix le fusille du regard.

– Faites-moi grâce de vos sarcasmes. Le professeur Goffin était une sommité mondiale, on murmurait qu'il allait occuper un poste important au ministère de la Santé...

– Et le maire l'avait inclus sur sa liste pour les prochaines élections... Je sais.

– Vous comprenez donc qu'on ne vous confie pas une affaire comme les autres.

La tête de Watteau se redresse.

– Me confier l'affaire ? Mais je n'étais pas de service, la nuit où Goffin a été assassiné. C'est le juge Bone qui s'en occupe...

– Le juge Bone vient d'être dessaisi. Nous avons besoin de quelqu'un qui sache prendre les choses comme il le faut. Le milieu auquel appartenait Goffin nécessite de l'intelligence, du tact – vous n'en avez pas toujours, mais vous êtes capable d'en avoir, si on vous le demande – et, surtout, il nécessite de connaître parfaitement la bonne société tourmentaise. Or, vous êtes le seul magistrat instructeur qui soit originaire de la ville... Vous avez peut-être même fait vos études en même temps que Goffin... Quel âge avez-vous ?

– Quarante-six ans bientôt.

– Goffin était un peu plus âgé que vous. Vous ne l'avez jamais croisé ?

Pendant quelques secondes, le regard du juge

d'instruction flotte dans le vague. Puis Watteau fixe de nouveau le procureur et murmure :

– J'ai beau chercher dans mes souvenirs, je ne crois pas avoir jamais rencontré ce monsieur. Ou alors, dans une autre vie...

– Très drôle. Il n'empêche que vous êtes tous deux des fils de bonnes familles locales, et cela vous aidera à y voir plus clair sans brusquer ces messieurs-dames. Vous devrez vous abstenir d'ironiser, bien entendu.

– Bien entendu... Mais si vous le permettez, j'aimerais comprendre ce que vous attendez de moi, exactement...

Desaix le regarde avec un mélange d'étonnement et de méfiance.

– Que voulez-vous dire ?

– Bone a toute la compétence et le tact nécessaires, et s'il avait besoin de quelques éclaircissements sur les arcanes de la bourgeoisie tourmentaise, je pouvais les lui fournir. Ce n'est pas pour son manque de rigueur qu'il a été dessaisi. « On » veut que ce soit *moi* qui enquête. Pourquoi ?

Desaix repousse son fauteuil, se lève et se met à arpenter le bureau de long en large, les mains dans le dos. Au bout de plusieurs minutes, il se plante face à la fenêtre et Watteau l'entend grommeler.

– Ce n'est pas une question de compétence, c'est une question d'attitude. Nous ne savons pas qui a tué Goffin, mais nous savons que l'assassin fait partie de son entourage : il se trouvait déjà dans l'appartement avant son arrivée, ou bien il y est entré avec lui. C'est peut-être sa femme, sa maîtresse, son giton ou je ne sais qui. Vous comme moi, nous savons que les juges d'instruction ne sont pas des robots. Dans une affaire comme celle-ci, un magistrat peut, face à la personnalité ou la qualité des suspects, se laisser aller à trop de zèle ou, au contraire, à trop de laxisme. En toute bonne foi.

– Et vous pensez que contrairement à Bone ou à mes autres collègues je ne me « laisserai pas aller » ?

– Je vous connais depuis longtemps, Watteau. Je vous ai vu à l'œuvre. Vous êtes maladivement intègre. Vous êtes le seul qui mette autant de zèle pour instruire à décharge qu'il en met pour instruire à charge. Parfois, vous m'effrayez...

Watteau éclate de rire.

– Pardonnez-moi, mais je ne vois pas en quoi c'est effrayant...

Desaix se retourne et plonge son regard dans les yeux bleu acier de Watteau.

– Ce qui est effrayant, c'est l'absence de sentiment que vous y mettez. Ce qui est effrayant, c'est qu'en douze années de carrière ni la presse, ni un avocat, ni le moindre prévenu n'a jamais exprimé l'ombre d'une critique à votre égard. Ce qui est effrayant, ce qui est à peine supportable, c'est que vous ne demandez jamais à être muté, vous ne manifestez aucune ambition, vous semblez parfaitement heureux de faire votre travail, et vous semblez parfaitement heureux de le faire ici. Ce qui est effrayant, c'est que personne ne comprend les assassins mieux que vous, et qu'ils le savent. Ce qui est effrayant, c'est que vous semblez n'avoir que votre boulot dans la vie. Et qu'en plus vous n'en êtes jamais fatigué...

– Je comprends que ça puisse en agacer certains, murmure Watteau en retirant une poussière de son pantalon. Mais est-ce vraiment gênant ?

– Non. Bien sûr, dit Desaix entre ses dents. Et c'est exactement de cela que nous avons besoin aujourd'hui. Il nous faut un homme qui ne mette dans son travail aucun sentiment, aucune idée préconçue, aucun préjugé. Un homme qui travaille sans relâche sur cette affaire et seulement sur celle-là...

– J'ai soixante dossiers en cours, monsieur...

– Je le sais et je m'en fous complètement. Pendant le mois qui vient, cette affaire est prioritaire. Goffin avait des ennemis partout, mais aussi beaucoup d'amis. Il soignait les épouses, les filles et les maîtresses de tous les grands bourgeois de Tourmens, toutes tendances confondues. Il avait aussi de nombreuses patientes parmi les avocates ou les épouses de magistrats...

– Pas la mienne...

Desaix s'agite. L'ironie de Watteau l'a toujours irrité. Nombreux – et Desaix en fait partie – sont ceux qui, par le passé, ont tenté de le moucher. En vain.

– Un juge célibataire, c'est parfois indispensable au bon déroulement d'une instruction ! Nous voulons que cette affaire soit résolue au plus tôt. Je ne doute pas que vous le ferez, mais nous ne voulons donner prise à aucune critique, à aucune pression, d'un bord comme de l'autre. Qu'il s'agisse de sa femme, de l'une de ses poules, d'un partenaire de golf ou du gardien de l'immeuble, l'assassin doit être identifié, et il ne doit y avoir aucun doute sur sa culpabilité. Bien entendu, je n'ai pas besoin d'insister...

– ... sur la nécessité de préserver le secret de l'instruction ? poursuit Watteau en se levant. Non, bien entendu. Vous savez qu'avec moi les journalistes en seront pour leurs frais et que les avocats y regarderont à deux fois avant de faire des déclarations inconsidérées... Eh bien, dit-il en reboutonnant sa veste, je vais voir Bone de ce pas pour qu'il me transmette les éléments déjà recueillis.

Il se dirige vers la porte, l'ouvre et, sentant le regard du procureur vissé sur sa nuque, se retourne avec un demi-sourire.

– Aviez-vous autre chose à me dire ?

– Oui. Je ne veux pas vous revoir ni entendre parler de vous avant que l'instruction soit close. C'est clair ?

Watteau sort sans un mot. L'un des ascenseurs est vide. Le juge y entre, les portes se referment. Watteau actionne le bouton d'arrêt d'urgence pour bloquer la cabine. Il pose le front contre la paroi métallique, prend une profonde inspiration et jure entre ses dents.

3

Journal intime

Play, lieu-dit « La Fermette »

Ce matin, à mon arrivée au cabinet médical, madame Leblanc, très agitée, me demande si j'ai entendu parler du médecin qu'on a tué, il y a deux nuits. Pris par ce que j'écris, je n'écoute pas la radio depuis plusieurs jours. Je ne suis pas au courant, et je lui laisse entendre que ça ne m'intéresse pas vraiment. Elle insiste en disant : « C'est un grand professeur de Tourmens, un gynécologue, je vous ai déjà entendu en parler... » Immédiatement, je pense à Goffin. Elle me tend le journal. À la une, le visage du salopard, blouse blanche et nœud papillon, tenant entre ses mains les implants expérimentaux avec lesquels il a « guéri » ses patientes. Le titre de l'article est involontairement ambigu, bien à la hauteur des canards d'aujourd'hui : « Un grand médecin fauché. » Fauché, il ne l'était pas du tout. Il a toujours su où ranger ses billes. Il a toujours su à quel râtelier bouffer. Il a toujours su écraser qui il fallait. Ça fait vingt ans, maintenant, et je n'arrive toujours pas à me calmer. Mon sentiment d'impuissance et ma colère à l'époque étaient tels, et sont encore si vifs que je n'arrive même pas à me réjouir de savoir qu'il a claqué. J'aurais trouvé plus délectable qu'il meure après avoir raté un virage au volant d'une de ses voitures hors de prix, ou bêtement en glissant sur une peau de banane dans la rue. Que quelque chose de bien humiliant, de bien dérisoire mette un terme à sa vie abjecte. Mais un assassinat... Le journal dit qu'il a été tué de plusieurs balles, à son domicile, sans donner de précisions. La police et le parquet ont dû faire leur possible pour cacher les détails. Le journaliste écarte un « éventuel crime crapuleux », bien que la méthode y fasse penser, pour évoquer un « drame mettant en cause une personne de l'entourage proche ». Sous-entendu : il avait suffisamment d'ennemis autour de lui pour prendre plusieurs balles dans le buffet. Le papier mentionne bien qu'Alice était absente de Tourmens au moment des faits, et que l'appartement était vide, mais il n'est pas question du reste de la famille. Ils n'avaient donc pas d'enfants ? Il me semblait, pourtant, qu'Alice était enceinte quand elle l'a épousé... Je n'arriverai jamais à comprendre pourquoi elle a pris cette décision. Nous savions tous que Goffin était un tordu. Il nous l'avait montré, et bien montré. Nous ne pouvions rien contre lui, mais ça ne l'obligeait pas, elle, à se ranger de son côté... Je n'ai jamais compris pourquoi elle a fait ça.

Je regarde le visage de Goffin, son air triomphant et satisfait de spécialiste-internationalement-reconnu-de-la-chirurgie-cancérologique-et-répara-

trice-du-sein, et j'ai envie de vomir. On l'a tué, mais il a beaucoup nui. Il y a ceux qu'il a floués, il y a vingt ans, ceux qu'il a peut-être floués depuis sans que personne le coince, sous couvert de sa respectabilité usurpée... Il ne s'est pas passé d'année sans que j'entende parler de lui. À la radio, à la télévision, qui chantaient ses louanges, mais aussi par ceux qui avaient eu affaire à lui et le regrettaient amèrement, qui me racontaient sa morgue, son mépris, son sadisme, et hurlaient de rage devant le mur de silence qui se dressait devant eux lorsqu'ils demandaient réparation. Et moi, comme un con, je les écoutais déverser leur colère et leur chagrin, et j'étais impuissant, et je ne pouvais pas leur dire que personne n'y pouvait rien. Ce type-là avait toutes les cartes en main, toutes les bonnes relations dans sa poche. Il avait trahi tout ceux qu'il avait pu trahir, fait chanter ou soudoyé les autres. Il ne croyait qu'à une seule chose : son intérêt. C'était un salopard. Il ne manquera à personne.

Pauline Kasser pose le cahier. Avachi dans le grand fauteuil, Bruno Sachs broie du noir.

– Je sais qu'il vous arrive d'avoir envie d'étrangler certaines de vos patientes, dit doucement la jeune femme, et que quelques-uns de vos confrères méritent qu'on leur casse la gueule, mais je ne vous ai jamais entendu vous réjouir de la mort de quelqu'un...

– Alors, je vous surprends encore ?

– Ce qui me surprend surtout, c'est que vous ayez l'air de connaître Goffin. Vous ne m'avez jamais parlé de lui.

Bruno se lève et se dirige vers la cuisine. Il s'arrête devant la machine à espressos, verse de l'eau dans le réservoir, glisse une capsule verte dans l'appareil, actionne l'interrupteur.

– Nous ne nous sommes pas encore *tout* dit...

Pauline s'approche de lui.

– Je ne crois pas vous avoir rien caché d'essentiel sur moi, depuis que nous nous connaissons.

– Je sais. Mais il y a en vous des zones auxquelles je n'ai jamais cherché à avoir accès. Je ne vous ai jamais interrogée sur les hommes que vous avez rencontrés avant moi, par exemple...

– Il n'y avait pas grand-chose à dire… dit Pauline avec un sourire. Dois-je comprendre que, si vous connaissez Goffin, c'est à cause d'une histoire de femme ?

Bruno hausse les épaules.

– Oui. Enfin... non. Je veux dire, pas exactement. C'est une vieille histoire. Une vieille et longue histoire.

– Vos rendez-vous ne commencent pas avant 18 heures. Si vous n'avez rien de plus pressé à faire moi non plus...

La machine à café se tait. Bruno prend la tasse dans ses mains, s'adosse à l'évier et, soufflant sur le liquide brûlant, murmure :

– À l'époque, je commençais à faire des remplacements...

4

Souvenirs d'en France

Salon Cheryl Coiffures, *Paris, rue Popincourt*

Je n'ai jamais vu Gabriel dans cet état. Il n'a pas dit un mot en entrant, tout à l'heure. Il s'est contenté de m'embrasser sur les lèvres d'un air absent alors que je faisais ma caisse, et il est monté à l'appartement. Quand je monte à mon tour, une demi-heure plus tard, il est allongé, en chien de fusil, tout habillé sur le couvre-lit en fourrure rose, il n'a même pas retiré ses chaussures. Le dos tourné vers la porte, il ne bouge pas quand j'entre. Je fais le tour du lit et je découvre qu'il a les yeux grands ouverts.

– Ça ne va pas ? Qu'est-ce qui t'arrive ?

Gabriel ne répond pas. Au bout d'un long moment, il semble s'apercevoir de ma présence et s'assied sur le lit.

– Excuse-moi, je ne suis pas dans mon assiette.

– Tu es malade ?

– Non, pas malade. Écœuré. Un type s'est fait descendre avant-hier. Un mandarin du CHU de Tourmens...

– Un mandarin ?... Ah, tu veux dire le professeur Goffin ! On n'a pas arrêté d'en parler aujourd'hui avec les clientes. C'était le meilleur spécialiste français du cancer du sein. C'est dégueulasse d'avoir tué un type pareil. Avec tout ce qu'il a fait pour les femmes !

– *Tout ce qu'il a fait pour les femmes ?* Tu ne sais pas de quoi tu parles, ma poule !

– On voit bien que t'es un mec ! Toi, tu ne sais pas ce que c'est que d'avoir un cancer du sein et de se le faire enlever. Ce type-là a mis au point une technique imparable, une intervention qui ne mutile pas les seins ! Ne me dis pas que ça te laisse indifférent ! J'aurais pu avoir besoin de lui un jour ! Où tu poserais tes grosses paluches, si on devait m'en enlever un ?

– Oh, Cheryl, dis pas de conneries ! Mais dis-moi, t'as l'air d'en connaître un bout, sur le sujet ! Je ne te savais pas si savante...

– Je sais lire, et c'est un truc qui me concerne. Qui concerne *toutes* les nanas ! Si le cancer des couilles était aussi fréquent que ça, tu t'y intéresserais, non ?

– Euh... si. Bien sûr. Mais c'est pas le problème...

– Ben si, c'est ça le problème ! Ce type-là était le saint des seins, et il est mort ! Qui sait combien de femmes il aurait soignées si on ne l'avait pas tué ? Enfin, Gabriel, je ne te reconnais pas ! Je m'attendais à ce que tu fonces à Tourmens pour fouiller dans cette histoire. Au lieu de ça, on dirait que tu es presque content qu'on l'ait tué. Tu ne le connaissais même pas !

– Si, justement. J'ai croisé Goffin, il y a plus de vingt ans...

– Où ça ? Ne me dis pas que t'as fait médecine !

Il se lève...

– Eh bien, presque...

– Qu'est-ce que c'est que cette histoire ?

– Une histoire de bruit et de fureur, racontée par un fou et qui ne veut rien dire...

– Quoi ?

Gabriel ne répond pas.

– Quoi ?

Je me mets à insister lourdement avant de me rendre compte que Gabriel a les larmes aux yeux. Je pose les mains sur son visage, mais il fait un pas en arrière.

– Attends, attends, laisse-moi deux minutes..

Il me tourne le dos pour se moucher.

Il finit par se rasseoir sur le lit. L'un de ses longs bras se tend vers mon panda en peluche, et il le serre contre lui.

– C'était fin 78, je venais de passer mon bac...

5

Enquête sur un citoyen au-dessus de tout soupçon

Tourmens, palais de justice

– Entrez, inspecteur Benamou, fait Watteau en reposant son téléphone. (Pendant que le policier referme la porte, le juge se tourne vers sa greffière.) Madame Basileu, est-ce que je peux abuser de vous ?

– Bien sûr, monsieur. Comme d'habitude ?

– Comme d'habitude.

Clémentine Basileu enfile son imperméable, salue le policier et sort du bureau. L'inspecteur Benamou reste debout, mais Watteau lui fait signe de s'asseoir.

– Alors, où en êtes-vous ?

– J'ai réussi à reconstituer son emploi du temps pour la journée. C'était assez facile, il était réglé comme du papier à musique. Il arrive à l'hôpital vers 8 heures, fait le tour du service pour régler quelques problèmes, entre en salle d'opération à 8h30, en ressort vers 13h30, après quatre interventions. Vous voulez le détail ? La panseuse – l'infirmière qui l'assiste pendant ses interventions – me l'a donné.

– Nous verrons cela plus tard. Pas de problème pendant ses interventions ?

– Aucun. La panseuse m'a dit qu'il était très en forme, il a même laissé l'interne recoudre, ce qui est exceptionnel.

– Quel homme charmant !

– De 14h30 à 16 heures, il donne un cours aux étudiants de quatrième année de médecine...

– Où et avec qui a-t-il déjeuné ?

– Il n'a pas déjeuné. Il est resté dans le service une demi-heure avec l'infirmière, puis est passé à son bureau, dans le secteur consultation. Sa secrétaire l'a vu à 14 heures en revenant de sa pause, et il en est parti vingt-cinq minutes plus tard pour aller donner son cours.

– Et dévoué, avec ça... Continuez, je vous en prie.

– Il consulte de 16h15 à 18h45. Ensuite, il va faire... enfin, expédier deux accouchements. Ça dure moins de trois quarts d'heure. L'un des bébés est actuellement en réanimation... Apparemment, ça ne s'est pas très bien passé.

– Les parents ?

– Ils n'ont pas bougé du service de réa pendant les vingt-quatre heures qui ont suivi. Je les ai vus ce matin, ils ne savaient même pas que Goffin était mort et, manifestement, ça ne leur faisait ni chaud ni froid. Leur bébé semble tiré d'affaire, ils étaient soulagés, ils ne voyaient que ça, bénissaient l'équipe de réanimation si gentille, etc.

– Tant mieux pour eux. Ensuite ?

– Ensuite, il doit participer à une émission en duplex à partir de 21 heures, il a rendez-vous à

Canal 12 un quart d'heure avant. Comme il a un trou d'environ une heure, il rentre se changer... Il passe deux coups de fil. L'un au domicile de sa belle-sœur, chez qui se trouve sa femme, à Paris ; l'autre à un portable dont nous n'avons pas encore identifié le propriétaire.

– Tiens ?

– C'est un correspondant étranger, suisse ou allemand. J'ai passé les fax nécessaires, mais il va peut-être falloir deux ou trois jours avant d'avoir une réponse...

– À quelle heure, le coup de fil à... madame Goffin ?

– Deux minutes à peine après être rentré chez lui, à 19h43. Il n'a pas duré longtemps, trois minutes. Le second en a duré quinze, il l'a passé à 20h10. À 20h45, il arrive à Canal 12.

– Donc, il s'est changé entre ses deux coups de fil. Il a pu faire entrer quelqu'un pendant qu'il était dans l'appartement.

– Vous voulez dire...

– Je ne veux rien dire, je conjecture. Il n'y a pas eu d'effraction. Donc, l'assassin est entré avec la clé, ou l'un de ses habitants lui a ouvert...

– En tout cas, personne n'est entré avec lui, ni avant l'émission, ni à son retour à 1h45.

– Comment le savez-vous ?

– Il y a deux ans, le professeur Goffin a reçu des menaces après qu'on lui a confié des dossiers d'expertise dans le cadre d'une affaire de mœurs. Il a fait installer des caméras de surveillance dans le parking et dans l'ascenseur. Sur la vidéo de l'ascenseur, aux heures où il rentre chez lui, il est seul.

– Vous avez saisi les bandes ?

– Oui, et j'ai mis deux hommes dessus. Ils épluchent en ce moment les soixante-douze heures d'enregistrement qui précèdent le meurtre et les dix-huit heures qui suivent. L'assassin est probablement dessus... mais, même en vitesse accélérée, ça va prendre un peu de temps.

– Goffin a pu croiser quelqu'un sur le palier... L'assassin peut être un des locataires...

– C'est peu probable. Il n'y a qu'un seul appartement par étage. La locataire du troisième est une dame de plus de quatre-vingts ans, arthritique, qui se déplace avec un déambulateur et ne reçoit personne, en dehors d'une cousine presque aussi âgée, qui lui apporte ses courses deux fois par semaine. Les propriétaires des premier et deuxième étages sont absents six mois par an et leurs appartements sont sous surveillance électronique pendant ce temps-là. En ce moment, ils sont inoccupés, nous l'avons vérifié, et personne n'y est entré depuis plusieurs semaines. Les Goffin sont les seuls habitants du quatrième et dernier étage. La porte de rue ne s'ouvre que par digicode, la locataire du troisième et le concierge n'ont pas eu de visite inhabituelle ou de coup de sonnette suspect, ce jour-là...

– Et l'escalier ?

– Pour des raisons de sécurité, les portes de palier n'ont pas de poignée à l'extérieur. En cas d'incendie, on peut quitter les appartements par l'escalier et ressortir au rez-de-chaussée, mais on ne peut ni passer d'un étage à un autre, ni emprunter l'escalier depuis le rez-de-chaussée pour monter dans les étages.

– Il doit bien y avoir des clés...

– Oui, deux. Une chez le gardien, au cas où les pompiers en auraient besoin, l'autre chez le syndic de l'immeuble, et aucune des deux n'a bougé.

– Et ce gardien d'immeuble...

– Monsieur Beauvilain ? Très fiable. Ancien fonctionnaire de police, je le connais personnellement.

– L'immeuble dispose d'une terrasse. Pas d'entrée possible par là ?

– Non. À moins d'avoir des ailes...

– Quand la femme de ménage est arrivée, la porte de l'appartement était-elle ouverte ?

– L'assassin l'avait tirée derrière lui, mais la serrure trois points n'avait pas été verrouillée.

– Ce qui veut peut-être dire que l'assassin n'avait pas la clé... ou qu'il veut nous le faire croire. A-t-on volé quelque chose ?

– D'après la femme de ménage, rien. Le bureau personnel de Goffin était fermé à clé, et la clé était sur son trousseau. Nous l'avons ouvert, mais apparemment, rien n'a été touché. L'homme était un maniaque de l'ordre. Ses dossiers et sa comptabilité sont classés, étiquetés, archivés, et rangés au petit poil. Si l'assassin cherchait quelque chose, ce n'est pas là qu'il pensait le trouver. Nous avons saisi tous les documents, qui sont actuellement en lieu sûr. Quand vous voudrez les consulter...

– Revenons à madame Goffin. Vous êtes sûr qu'elle a passé la nuit à Paris ?

– Catégorique. Nous avons deux témoins, sa sœur, chez qui elle a passé la nuit, et l'amie qui a fait l'aller-retour en voiture avec elle et avec qui elle est allée au cinéma. Elle n'aurait pas eu le temps de faire le trajet après la séance, de tuer son mari, et de retourner à Paris, même en hélicoptère !

– Vous étiez à leur domicile lorsqu'elle est arrivée hier matin. Comment... a-t-elle pris la chose ?

L'inspecteur Benamou ne répond pas. Il réfléchit, cherche ses mots.

– D'une manière... étrange.

– Expliquez-vous, dit Watteau en se penchant vers lui.

– Elle est sortie de l'ascenseur, elle est entrée dans l'appartement, elle a posé sa valise, elle s'est avancée et elle a vu un corps sous un drap. Elle est restée debout sans un mot, et au bout d'une demi-minute... elle n'a pas demandé, comme je m'y attendais : « Qui l'a tué ? » ou « Qu'est-ce qui s'est passé ? », mais « Que voulez-vous savoir ? »

– Elle était au courant du crime ?

– La femme de ménage m'avait dit qu'elle devait rentrer dans la matinée. Je n'ai donc pas voulu l'appeler et le lui annoncer sur son portable, mais elle a entendu la nouvelle à la radio, sur l'autoroute.

– Alors, qu'est-ce qui vous intrigue ? Son calme ?

– Non, j'ai déjà vu ça chez des parents de victimes. Ils sont assommés. Ils ne peuvent pas dire un mot. Non, ce qui m'a étonné, c'est qu'à aucun moment elle n'a demandé à voir le corps. Elle s'est assise dans le salon, à quelques mètres de moi, pour répondre à mes questions, et quand je lui ai dit que nous referions appel à elle plus tard, elle m'a dit qu'elle allait retrouver son amie. Elle est repartie sans jeter un regard à son mari... Le juge Bone l'a déjà interrogée longuement hier, je pense que vous en apprendrez beaucoup plus en lisant le procès-verbal d'audition... Moi, je ne suis pas sûr qu'ils étaient en excellents termes.

– Qu'est-ce qui vous fait dire ça ?

– Ils faisaient chambre à part. L'appartement est immense, la chambre de madame Goffin est à un bout, la chambre et le bureau du professeur sont à l'autre...

Les deux hommes se taisent. Au bout d'un long moment, Benamou se racle la gorge et Watteau demande :

– Et pour l'emploi du temps de Goffin entre 20h30 et le crime, où en êtes-vous ?

– On sait qu'il a quitté le studio de télévision vers 22 heures, mais nous n'avons pas encore pu déterminer l'endroit où il a passé les heures suivantes. La vidéo prise dans l'ascenseur nous indique qu'il est rentré chez lui à 1h47. Ce qu'il a fait entre-temps, c'est un mystère.

– Mais non ! Il est allé dîner, puis retrouver une femme...

– Vous semblez sûr de vous... Vous le connaissiez ?

Watteau secoue vigoureusement la tête.

– Pas du tout. Mais j'ai lu sur l'un des rapports qu'il a décliné l'invitation à dîner des journalistes de Canal 12 et quitté le studio seul. Où pouvait-il aller à cette heure-là s'il ne rentrait pas chez lui ? Sûrement pas à son travail, ni au cinéma... N'oubliez pas que madame Goffin était absente.

– Il a pu aller dîner chez des amis, ou se rendre à une réunion de son groupe politique...

– Des amis se seraient manifestés en apprenant le meurtre, vous savez bien : « Mon Dieu, lui qui était si vivant une demi-heure plus tôt ! » Mais ça n'est pas le cas. De là à penser qu'il était avec quelqu'un qui préfère *ne pas* se faire connaître...

– Je vois... Dans ce cas, l'autopsie nous en apprendra sûrement un peu plus.

– C'est aussi mon avis, conclut Watteau en se levant. (Il tend à l'inspecteur Benamou une liasse de feuilles agrafées.) Voici vos commissions rogatoires. J'aimerais par ailleurs entendre un certain nombre de personnes que vous avez déjà interrogées. Vous voudrez bien me transmettre vos procès-verbaux, afin que je vérifie leurs déclarations... ?

– Bien sûr, monsieur le juge.

Benamou sorti, Watteau se dirige vers la fenêtre de son bureau. Dans la rue en contrebas, Clémentine Basileu, un sac en papier à la main, s'engage sur le passage protégé. Le regard de Watteau se porte au-delà, vers la cour du lycée La Fontaine. Appuyé contre un arbre, un garçon aux cheveux très courts discute avec deux filles brunes aux lèvres très rouges, vêtues presque à l'identique.

6

Quelque part dans le temps

Play, lieu-dit « La Fermette »

– C'était en 1979, raconte Bruno Sachs. J'étais interne aux urgences du CHU, mais je voulais faire de la médecine générale et je me rendais bien compte que cela n'avait rien à voir avec les conditions d'exercice à l'hôpital. Alors, j'ai commencé à prendre des remplacements à droite, à gauche. Souvent, les médecins qui venaient me demander des nouvelles de leurs patients me le proposaient. On passait un long moment à discuter ensemble, avec le malade ou la famille, et en sortant de la chambre le généraliste me lançait : « Vous faites des remplacements ? » Ils cherchaient quelqu'un pour lever le pied et prendre des vacances avec leur femme et leurs mômes, et la conversation qu'on venait d'avoir leur donnait à penser que j'avais le profil...

« ... En même temps, je prenais aussi des gardes d'obstétrique. Je voulais pouvoir faire des accouchements à domicile. Quelle blague ! Déjà, la plupart des femmes avaient été conditionnées pour trouver ça trop dangereux – "Je ne vais pas accoucher chez moi, on ne fait plus ça que dans les pays sous-développés !", vous voyez le genre ? Mais je tenais tout de même à savoir le faire. L'idée de me retrouver face à une femme sur le point d'accoucher sans savoir par quel bout la prendre... Alors je m'étais mis à fréquenter assidûment la maternité.

« À l'époque, le service de gynécologie-obstétrique était dirigé par Kalanian, un médecin assez âgé qui avait commencé sa carrière à la faculté d'Alger. Mon père avait fait ses études avec lui et il lui avait demandé si je pouvais m'intégrer à l'équipe à titre bénévole. Il avait accepté, mais ça n'était pas du goût de tout le monde... Kalanian, officiellement, était le patron, mais il consacrait plus de temps à ses recherches et à ses conférences qu'à son service ; il déléguait beaucoup. Comme il s'agissait du plus gros service d'obstétrique de la région, les chefs de clinique se chamaillaient et n'appréciaient pas de voir des intrus se balader sur leurs plates-bandes. Je ne représentais aucun danger pour eux ; je n'avais pas de statut, ils pouvaient parfaitement m'ignorer. Mais je m'étais lié d'amitié avec un interne très opposé à la hiérarchie, très critique à l'égard des luttes de pouvoir des trois chefs de clinique qui reluquaient le titre d'agrégé, ticket pour succéder au vieux Kalanian.

« ... Édouard Goffin était le plus tordu des trois. Il avait un peu plus de trente ans, et c'était déjà un arriviste consommé. Il manipulait très bien Kalanian, car il était très copain avec les visiteurs médicaux : il n'avait pas son pareil pour leur faire offrir une photocopieuse au service, en échange d'un pseudo-essai thérapeutique... C'était aussi un mufle. Quand il voyait les nouvelles élèves infirmières et les nouvelles externes arriver, il repérait celles qui lui plaisaient et se posait en protecteur jusqu'au moment où il pouvait les passer à la casserole. Après quoi il leur rendait la vie infernale et elles n'avaient qu'une envie : s'en aller.

« Il ne se passait pas de jour sans que Goffin s'accroche avec Charly Mons, l'interne avec qui je m'étais lié. Charly, c'était l'anti-Goffin. Calme, rassurant, compétent. Et adorable. D'ailleurs, tout le monde l'adorait. C'est à lui que les infirmières et les sages-femmes faisaient appel en cas de problème, jamais à Goffin.

« ... Charly était un type hors du commun. Et surprenant. La première fois que je l'ai accompagné pendant sa garde, au lieu de m'envoyer dormir sur une banquette comme me l'imposaient les autres internes, il m'a invité à partager avec lui la chambre de garde. Quand il était bipé, on se levait ensemble ; pour traverser la grande cour de l'hôpital dans le froid, c'était moins dur. Un soir, j'avais bossé aux urgences sans interruption depuis deux jours, j'ai fini très tard, vers 1 heure du matin. J'étais crevé, j'habitais à la campagne, je n'avais pas envie de rouler de nuit, je savais que Charly était de garde, je me suis dit que j'allais le rejoindre dans sa chambre. Il dormait. Pour ne pas le réveiller, j'entre sans allumer, je me déshabille, je me couche et je m'endors comme une masse. Le lendemain matin, je suis réveillé par des rires et des chuchotements, j'ouvre un œil, mon Charly est là, de l'autre côté du lit. Mais entre lui et moi, il y a une fille magnifique, vingt-quatre ou vingt-cinq ans, de longs cheveux noirs, des yeux verts incroyables... Je n'avais jamais vu de fille aussi belle... Non, ne vous moquez pas de moi, à l'époque j'avais eu royalement deux ou trois petites amies, ça n'avait jamais duré plus de trois semaines, et je crois que si Charly m'impressionnait, c'est aussi par le regard que les femmes posaient sur lui... Seulement, j'étais loin de m'imaginer que j'allais me retrouver un jour au lit avec lui et la femme de sa vie ! J'étais là, comme un con, je me pinçais pour m'assurer que je ne rêvais pas, et ils se sont mis à rire, mais, je ne sais pas comment vous dire, ils ne riaient pas de moi, ils riaient avec moi, et je me suis mis à rire aussi. Charly a dit : "Luciane, je te présente Bruno. Bruno : Luciane." Luciane a enchaîné : "Bonjour, Bruno. D'habitude, je fais connaissance avec les mecs avant d'envisager de coucher avec eux, mais tu seras l'exception..." Je devais être rouge pivoine. Eux, ils n'avaient pas du tout l'air gênés, ils ne m'avaient même pas entendu entrer, ils s'étaient réveillés au milieu de la nuit et m'avaient trouvé là, endormi comme un bébé... Et ils s'étaient mis à gamberger sur les enfants qu'ils auraient et qui viendraient un jour se glisser dans leur lit pendant leur sommeil.

« ... C'est fou ce qu'ils s'aimaient, ces deux-là ; jamais je n'avais vu deux personnes s'aimer autant. Ils étaient beaux et bons et leur amour faisait chaud à tous ceux qu'ils côtoyaient. Ils vivaient depuis quelques mois dans une baraque invraisemblable. C'était une maison ancienne, assez mal en point, plantée au milieu d'un parc dans un quartier anodin de Tourmens. Les promoteurs immobiliers se pointaient régulièrement chez le propriétaire pour lui demander de la vendre, mais il n'était pas très chaud. Il louait toute la partie arrière du parc à des veufs comme lui, qui y faisaient pousser des tomates et des haricots. Et il oubliait régulièrement de signifier leur congé à ses locataires... Charly et Luciane vivaient au rez-de-chaussée. Comme la maison était grande, et un peu chère pour leurs petits moyens – Charly ne gagnait pas des sommes folles et Luciane travaillait dans une librairie –, ils la partageaient. Au premier étage, il y avait donc Jean et Alice, qui ne pouvaient pas vivre sans Luciane et Charly, et... »

Bruno ferme les yeux, secoue la tête et soupire.

– ... et qui souffraient le martyre.

7

Une certaine rencontre

Paris, rue Popincourt

– Le bac en poche, ça ne me donnait pas grand-chose, raconte Gabriel. Je ne voulais pas aller bosser n'importe où, mais je ne voulais pas rester sans rien faire non plus. Alors mon vieux pote Pedro, qui m'avait fait un peu travailler dans son imprimerie, m'a envoyé à Tourmens chez un copain à lui, Daniel Schatz, en me disant : « Tu vas voir, il t'apprendra le métier », sans me préciser lequel. Daniel avait un atelier de reliure dans la vieille ville. C'était un vieil anar qui avait essuyé pas mal de plâtres, et qui continuait à imprimer des tracts en douce pour des groupuscules avec lesquels il n'était pas toujours d'accord ; mais ils lui donnaient suffisamment d'argent liquide pour qu'il se permette de faire de la reliure d'art à la tête du client. Il aurait pu gagner des sommes folles en retapant les bibliothèques de famille des dentistes et des notaires, mais ça le faisait chier de se vendre. Il préférait fignoler une reliure pleine peau pour qu'une vieille dame puisse l'offrir à son petit-fils, ou même, lui qui avait longtemps bouffé du curé au petit-déjeuner, réparer les missels des couventines de la rue des Merisiers. Il était comme ça, Daniel. Il n'avait pas vraiment besoin d'un apprenti, mais plutôt d'un peu de compagnie... Il avait fait la guerre d'Espagne, et en 1943 lui et les siens avaient été déportés. Toute sa famille était morte dans les camps, mais il n'arrêtait pas de raconter des histoires. Ils se racontaient beaucoup d'histoires, dans les baraquements, la nuit, pour oublier la faim et la mort.

« J'ai beaucoup lu, chez Daniel. Il avait accumulé des bouquins que des richards lui avaient apportés à relier ou à réparer et que personne n'était venu chercher. C'est fou ce que les bourges peuvent être négligents. Il y avait des trésors au fond de la boutique. Moi qui avais presque toujours refusé de lire ce que les profs nous imposaient au lycée, j'ai lu Molière, La Fontaine, Flaubert, Balzac, Hugo, Lautréamont, Verlaine, Baudelaire... Et j'ai aussi découvert un petit recueil de contes de Ramón Gómez de la Serna, *Échantillons,* traduit par Valery Larbaud et publié dans les années 20. Il s'agissait de petits contes, d'aphorismes, de pensées qui parlaient tous... des seins des femmes. »

– Je te reconnais bien là, commente Cheryl.

Gabriel hausse les épaules.

– C'était de la poésie. Le sein peut bien être objet de poésie, non ?

– Ben voyons... Mais tu passais pas ton temps à lire...

– Nan. Je l'aidais à trimbaler ses rames de papier, ses peaux, son encre, et aussi la nuit à imprimer les tracts. Je nettoyais la presse et l'atelier, je faisais les courses... Et je me baladais dans le vieux Tourmens.

« ... L'atelier était fréquenté par quantité de gens intéressants, et on y voyait beaucoup de femmes. J'avais dix-neuf ou vingt ans, ça m'intéressait, évidemment. Et un garçon pas trop mal fichu qui faisait un peu plus que son âge – c'est fou ce que l'encre sur les doigts, la poussière dans les cheveux et le menton pas rasé, ça vous vieillit un adolescent – et travaillait de ses mains avec un type de soixante et quelques balais, ça faisait son petit effet. Des étudiantes venaient demander à Daniel de mettre à leur mémoire de maîtrise une couverture en carton toilé, et il m'avait montré comment faire. J'aimais le voir installer la liasse de feuilles dans un étau, découper à la scie, du côté reliure, des encoches en diagonale dans lesquelles il glissait ensuite des bouts de ficelle enduits de colle. Quand une jolie fille déposait son mémoire dactylographié, je lui disais de revenir le chercher quelques jours plus tard, en fin de matinée. Le matin du jour dit, je préparais les encoches, et elle me trouvait occupé à encoller le dos de la liasse. Je lui disais que j'avais eu beaucoup de travail, que j'aurais fini le soir, est-ce qu'elle avait le temps de repasser vers 18 heures ? Parfois, elle répondait d'accord, elle n'avait rien de prévu, je pensais que j'avais peut-être fait une touche. Quand elle arrivait, je n'avais pas encore fini, bien sûr, mais je lui disais que je n'en avais pas pour longtemps, dix minutes, si elle voulait s'asseoir sur une marche de l'escalier et feuilleter les livres... Il y avait un escalier en colimaçon à l'intérieur de l'atelier. Les marches étaient à moitié couvertes de bouquins neufs ou vieux, il fallait faire attention à ne pas tout faire tomber quand on montait à l'étage...

« La fille s'installait, prenait un livre ou non, je la regardais d'un œil, j'engageais la conversation en désignant le mémoire.

« – *La Ville dans le roman balzacien*, ça a l'air d'un sujet intéressant...

« En général, elle haussait les épaules, alors je parlais cinéma, et ça se poursuivait par un sandwich, puis par un film, et comme je savais toujours lequel leur proposer pour passer pour un manuel assoiffé de films d'auteur – c'était la grande époque de Duras, de Fassbinder, de Bertolucci –, ça se finissait souvent dans leur pieu.

« Un soir, la fille qui est entrée ne ressemblait pas aux autres. Elle avait vingt-quatre ou vingt-cinq ans, elle était magnifique, avec ses longs cheveux noirs, ses yeux verts incroyables, ses seins superbes... Des seins si beaux sous la chemise indienne serrée que j'avais du mal à en détacher les yeux. Et comme Ramón Gómez de la Serna j'avais envie de dire : “Ma belle, tu m'offres une gorgée ?” Je n'avais jamais vu de fille aussi belle... Elle n'avait pas de manuscrit sous le bras, mais venait chercher un exemplaire du *Médecin de campagne* de Balzac qu'elle avait confié à Daniel. Il était sorti, mais je savais que le bouquin était prêt. Comme l'atelier n'était pas un modèle d'ordre, je ne le trouvais pas, alors elle s'est mise à chercher avec moi. Je lui ai demandé si c'était un cadeau pour son grand-père et elle s'est mise à rire, plutôt jaune.

« – Non, c'est pour... un ami.

« – Un très bon ami ?

Elle m'a lancé un air farouche. L'air de dire de quoi je me mêle.

« – Un ami. C'est tout.

Moi, bête et obstiné :

« – Il est médecin de campagne ?

« – Non, il est gynécologue. Enfin, pas encore. Bientôt. Il est interne au CHU.

« – Ah...

« Ça m'a refroidi. Face à un carabin, je ne faisais pas le poids. On est restés un moment sans rien dire, on continuait à déplacer des piles de volumes et de papiers, et on ne trouvait toujours pas ce foutu livre. Et puis, à un moment donné, elle a baissé les bras, elle s'est assise sur une marche de l'escalier et elle a dit :

« – De toute manière, à quoi bon ? Il s'en foutra complètement, de mon cadeau à la con. Il va me dire "Merci, ma grande, tu es adorable", il va m'embrasser sur le front et ça sera fini...

« Et elle s'est mise à chialer.

« Je me sentais désarmé. Je la regardais s'essuyer les yeux et le nez avec la manche de sa veste, je suis allé déchirer un grand morceau de papier essuie-tout et je le lui ai donné. Et puis j'ai continué à faire mine de chercher le bouquin. Je me disais : “J’ai peut-être une chance.” C’était de bonne guerre. Elle était malheureuse, j’avais envie d’en profiter. Je ne savais pas où ça allait m’entraîner...

« J’ai fini par mettre la main sur le bouquin. Quand elle s’est levée pour le prendre, j’ai vu que l’objet la dégoûtait, j’ai dit : “Si vous n’en voulez pas, ça n’a pas d’importance, je vais le garder, il m’intéresse, ce bouquin, je m’arrangerai avec Daniel.” Elle m’a regardé, surprise, elle avait l’air soulagée. Elle a réfléchi, elle m’a regardé, elle a dit :

« – Je m’appelle Alice...

« – Moi, c’est Gabriel... Il va être l’heure de fermer. Je peux vous emmener boire un pot, un café ?

« – Non. C’est moi qui t’invite...

« Et elle m’a emmené chez elle. »

8

Autopsie d'un meurtre

Tourmens, palais de justice

Rapport de l'autopsie pratiquée sur la personne de monsieur Goffin, Édouard, Michel, Jacques, né le 14 juillet 1952 à Saint-Hilaire-du-Coudray (Sarthe), décédé à son domicile dans la nuit du 6 au 7 février 2000 entre 1 heure et 3 heures du matin.

Je soussigné, docteur Richard Molina, médecin légiste, ai examiné ce jour 8 février 2000 le cadavre identifié comme étant celui de monsieur Goffin, Édouard, et fait les constatations suivantes :

L'aspect général est celui d'un homme de quarante-cinq à cinquante ans, en bon état de santé, mesurant 1,78 mètre et pesant 75 kilos. La peau est hâlée, de bonne trophicité. Les cheveux sont châtain foncé, mais l'absence de cheveux blancs s'explique par une légère coloration artificielle. Début de calvitie sur le sommet du crâne. Le cadavre est marqué de cicatrices très anciennes, longilignes, mesurant entre deux et six centimètres de long, sur les avant-bras et les épaules. Il existe une discrète déformation du radius gauche et un cal évocateur d'une fracture elle aussi ancienne, confirmée par la radiographie. Il existe également des griffures récentes sur les épaules, les bras et le thorax, faites par des ongles vernis (coloris braise). (...)

À l'ouverture du thorax, les poumons ont un aspect rose, plutôt sain. Il ne s'agit pas d'un grand fumeur. Le cœur est de taille et de poids normaux, mais les coronaires droites et interventriculaire antérieure sont athéromateuses. Le foie est lisse, d'aspect normal, sans tumeur perceptible à la palpation. Les reins sont normaux. La vessie est percée de deux orifices, l'un à la partie inférieure de sa face antérieure, juste au-dessus de la prostate, l'autre à la partie supérieure de sa face postérieure. À l'examen digital de la prostate, on retrouve deux tuméfactions indurées en regard des vésicules séminales, et évocatrices d'une prostatite calcifiée ancienne. (...)

Le cadavre est porteur de quatre plaies par balle.

De haut en bas :

1° Un projectile tiré à l'intérieur de la bouche a perforé la face postérieure du pharynx, traversé le tronc cérébral et le cervelet avant de perforer l'os occipital.

2° La deuxième et la troisième plaie concernent les organes génitaux. L'une est une plaie transfixiante du testicule droit, due à un projectile qui, ayant traversé l'organe de part en part, est ressorti ensuite. L'autre a entraîné des dégâts plus importants : de haut en bas et d'avant en arrière, section quasi totale de la verge, perforation du périnée au-

dessus de l'os pubien, de la vessie et du côlon sigmoïde. Le projectile responsable a été retrouvé logé dans le sacrum.

3° La quatrième plaie par balle est située au niveau du genou gauche. Le projectile, retrouvé aplati à la partie postérieure du ménisque externe, a fracassé la rotule et sectionné le ligament croisé. (...)

(...) D'après les premières constatations, la position du corps sur le lieu du crime et l'incidence des projectiles, il est possible de reconstituer sans grande difficulté la séquence des événements. Le premier projectile a frappé la rotule de face, selon un angle d'environ 15°, alors que la victime se tenait debout à environ quatre mètres cinquante de son assaillant, lequel devait se trouver devant la grande baie vitrée du salon. Le deuxième projectile a été tiré à bout portant dans la bouche, alors que la victime étreignait son genou brisé, comme en témoignent les traces de sang et de tissus retrouvées sur les mains du cadavre. Après que ce deuxième projectile a été tiré, le corps a été projeté en arrière par l'impact. La position du cadavre lors des premières constatations ainsi que la disposition des plaies des organes génitaux semblent confirmer que ces dernières ont été infligées post-mortem à la victime allongée sur le dos, bras et jambes écartés, par un tireur qui se tenait debout à plus d'un mètre mais à moins de deux mètres de sa cible. (...) À l'examen des divers prélèvements biologiques, il faut souligner quelques découvertes remarquables :

** estomac, présence d'aliments incomplètement digérés mêlés à du vin de Champagne ; * sang : alcoolémie à 0,45 g/l, dérivés amphétaminiques ; codéine ; substance non identifiée ayant les propriétés d'un vasodilatateur périphérique ; * méat urétral : nombreux spermatozoïdes et sécrétions prostatiques témoignant du fait que la victime avait éjaculé dans les six heures qui ont précédé son décès ; l'analyse des sécrétions à l'extrémité de la verge évoque un ou plusieurs rapports sexuels non protégés avec pénétrations vaginales et anales. À noter qu'à l'autopsie l'état de la prostate et des vésicules séminales évoquait une prostatite ancienne...*

Watteau lève les yeux vers le médecin légiste. Richard Molina est un bonhomme de cinquante-cinq ans, dont le visage de bouledogue évoque irrésistiblement Edward G. Robinson. Watteau aime beaucoup le médecin légiste, qui pratique autopsies et expertises en plus de la lourde charge que représente sa clientèle de médecin généraliste, mais a toujours un vieux cigarillo et un bon sourire aux lèvres. Le juge désigne le rapport.

– Je m'interroge sur la signification de ces dernières observations...

– Quoi ? Ah, l'état de sa tuyauterie ? C'est simple. Ce type a beaucoup baisé dans sa vie, et il a ramassé quelques microbes au passage. Rien de très dangereux, mais ça a suffi à lui esquinter la prostate. En pratique, ça voulait dire qu'il avait probablement mal chaque fois qu'il éjaculait. Il prenait de la codéine pour lutter contre la douleur. Comme la peur d'avoir mal le gênait probablement pour bander – j'ai déjà vu ça chez certains de mes patients –, il prenait aussi un vasodilatateur genre Viagra...

– Autrement dit, il n'avait pas une vie sexuelle très heureuse...

– Heureuse, je ne crois pas. Agitée, certainement. En dehors des sécrétions vaginales et de la salive, vous n'avez pas idée de tout ce que j'ai pu retrouver sous son prépuce. D'autant plus qu'il ne s'était pas douché avant de rentrer se coucher...

– C'est bien, murmure Watteau.

– Je vous demande pardon ?

– Je comprends mieux...

– Ah... D'autres questions ?

– Oui, avez-vous déterminé ce qu'il avait mangé ?

– Et comment ! Je peux même vous dire où il a dîné...

Les sourcils de Watteau se dressent. Molina ricane.

– Il n'y a qu'un chef à Tourmens qui sache cuisiner les pleurotes comme ça...

9

L'autre

Paris, rue Popincourt

– ... C'était une vieille baraque, plutôt mal entretenue, plantée au milieu d'un parc en pleine ville. De l'extérieur, on ne voyait pas grand-chose, tout le terrain était entouré par un grand mur. Il y avait un portail massif, complètement rouillé, à l'entrée du parc. On rentrait par une petite porte, et on se retrouvait au pays des merveilles, ou presque. Des arbres partout, de l'herbe qui poussait en liberté. Des mômes auraient été heureux comme des rois dans un endroit pareil. Il y avait toute la place pour se cacher, pour fabriquer des cabanes, pour jouer aux cow-boys et aux Indiens. L'été, on pouvait manger dehors et puis s'étendre sur l'herbe et y faire l'amour à l'ombre. Un paradis. Derrière la maison, il y avait des potagers et des arbres fruitiers. Des Espagnoles et des Portugais venaient y faire pousser des tomates, des asperges, des carottes, des haricots, des patates. Tout ça sur un demi-hectare, en pleine ville de Tourmens, au nez et à la barbe des promoteurs.

« ... Le soir où Alice m'a emmené chez elle, je

n’ai pas vu tout ça, bien sûr, il faisait nuit, j’avais l’impression d’avancer dans une jungle, une jungle étrange où c’était la lueur des réverbères et pas la lune qui trouait les arbres, de chaque côté. La maison était une masse sombre au milieu du parc. À gauche il y avait une lueur rouge derrière les rideaux d’une fenêtre suspendue entre le rez-de-chaussée et le premier. Alice m’a fait entrer dans un grand hall, le sol était orné de mosaïques abîmées, nous avons gravi l’escalier et je me suis retrouvé dans son appartement. Elle n’avait rien dit de tout le trajet, on était allés chez elle en bus, elle m’a proposé de manger quelque chose, puis elle a ouvert le frigo et elle a dit qu’elle n’avait rien. Et puis elle a ajouté : “Mais ce n’est pas pour manger que tu es venu, n’est-ce pas ?” Elle m’a pris par la main, et je l’ai suivie dans sa chambre.

« ... Je n’étais pas puceau, loin de là, tu l’imagines, mais Alice... Alice n’était comme aucune des filles que j’avais rencontrées jusque-là. Tout le temps que ça a duré entre nous, on a fait l’amour chaque nuit, plusieurs fois, et quand je m’endormais, elle remettait ça, c’était comme si elle faisait ça pour la dernière fois. La dernière fois avant de disparaître. Le matin, j’étais sur les rotules, mais elle, pas du tout. Elle était pleine d’énergie, et heureusement que j’avais l’excuse de l’atelier, parce qu’elle aurait remis ça. Bon, évidemment je ne me plaignais pas, à vingt ans tu rencontres une fille qui ne pense qu’à baiser, qui ne te bassine pas avec des histoires de fringues, qui ne parle pas beaucoup, finalement, qui te fout la paix dans la journée, qui te demande poliment si tu es libre le soir et qui ne se fâche pas si tu lui dis non, plutôt demain. C'était ça le plus étrange avec Alice : elle baisait comme une folle mais, hors du lit, elle n'avait pas besoin de moi.

« ... Enfin, quand je dis le plus étrange, je ne t'ai pas tout raconté encore. Au petit matin, elle a fini par s'endormir. Moi, je n'en revenais pas d'avoir passé la nuit à faire des acrobaties, je me suis traîné hors de la chambre pour respirer un peu et regarder le parc. Il était 6 heures et demie, on était en avril ou en mai. Il faisait un temps magnifique. Par la fenêtre de ce qui servait de séjour, je vois des hommes et des femmes déjà penchés sur leurs potagers. Certains, au fond, avaient même installé des clapiers... Derrière moi, j'entends la porte de l'appart s'ouvrir, et quelqu'un entrer. Une voix dit :

« – Bonjour...

« Je me retourne, et je me trouve face à un type grand, blond, aux yeux gris-bleu, au visage d'Apollon et aux pectoraux imposants sous un pull serré, qui me regarde avec étonnement.

« Pendant une seconde, je pense "C'est pas vrai, elle a un jules et elle ne me l'a pas dit et me voilà en calcif face à un type qui fait dix centimètres et quinze kilos de plus que moi", mais le type sourit de toutes ses dents blanches et murmure :

« – Je m'appelle Jean. Je partage l'appartement avec Alice... Elle dort ?

« – Euh... Salut, moi c'est Gabriel. Oui, elle dort... enfin.

« Il pouffe.

« – Chère Alice...

« Il me fait signe de ne pas faire attention à lui et entre dans une autre pièce. Au bout de quelques minutes, il repasse torse nu, une serviette autour de la taille et entre dans la salle de bains.

« Plutôt gêné, j'entre dans la chambre, je ramasse mes affaires et je me mets à me rhabiller. J'avais envie de partir, je ne me sentais pas à ma place. Et puis Alice se tourne vers moi et me dit : "Tu vas acheter du pain ? La boulangerie est au coin de la rue..."

« De jour, le parc paraissait moins vaste. Mais beaucoup d'arbres étaient imposants, les herbes folles poussaient partout, et cette jungle en miniature avait quelque chose de fantastique quand, passé la porte de la rue, on se retrouvait au milieu des maisonnettes à un ou deux étages d'un quartier modeste.

« ... Au retour, en traversant le parc, j'entends des voix, des rires, je lève la tête et je vois, du côté où j'avais vu une lumière rouge la veille, un couple nu à la fenêtre. Le type est aussi mat de poil que de peau, et la fille... c'est Alice, ses longs cheveux lui tombent sur les reins, mais qu'est-ce qu'elle fout à poil avec ce mec après m'avoir envoyé chercher du pain ? Et d'abord, combien sont-ils, à vivre dans cette baraque ? Dans cinq minutes, je vais croiser Sami Frey et je saurai que je suis dans un film de Coline Serreau... »

– De qui ? demande Cheryl.

– Coline Serreau. Tu sais, *Trois hommes et un*

couffin. Dans les années 70, elle a tourné *Pourquoi Pas !* C'est l'histoire d'une fille qui débarque dans un ménage à trois sans savoir que c'est un ménage à trois... Quoi qu'il en soit, à ce moment-là une autre fenêtre s'ouvre au premier, Jean apparaît, se penche et lance aux deux naturistes :

« – Salut, les vieux !

« – Vieux toi-même ! répond le brun. T'es rentré quand ?

« – Il y a une demi-heure, mais c'est pas tes oignons.

« – Il était comment ?

« – Trop bien pour toi !

« – Présente-le-moi, et tu verras !

« – D'accord ! fait Jean.

« – Sûrement pas, fait Alice en prenant ostensiblement le sexe du brun dans sa main, j'ai l'exclusivité !

« Et puis je me mets à avoir des hallucinations parce que Alice apparaît maintenant près de Jean, dans l'encadrement de l'autre fenêtre. Elle porte le pull que je l'ai aidée à enlever la veille et, les yeux encore endormis, elle se penche et se parle à elle-même :

« – B'jour, Charly, bonjour, ma grande...

Et l'autre Alice répond :

« – Bonjour, petite sœur… »

10

Bob et Carole et Ted et Alice (1)

Play, lieu-dit « La Fermette »

– De toute leur jeune vie, explique Bruno à Pauline, Luciane et Alice ne s'étaient jamais éloignées l'une de l'autre plus que le temps d'un week-end. Elles étaient parfaitement identiques. Impossible à différencier si elles ne le permettaient pas. Pendant la petite enfance, pour s'y retrouver, leurs parents leur avaient mis des bracelets portant leur nom. À trois ans, elles échangeaient régulièrement et leurs bracelets, et leurs vêtements, ce qui rendait caduque toute tentative de les distinguer. À quinze ans, elles pratiquaient les blagues que font habituellement les frères jumeaux, moins souvent les sœurs : se faire la tête l'une de l'autre (elles avaient tenu à garder les cheveux longs), s'habiller presque toujours de manière identique, en jupe longue et pull noir ou en jeans et chemise bleue, apparaître à deux endroits à la fois, faire croire qu'elles étaient toutes deux dans une pièce alors qu'en fait il n'y en avait qu'une.

« ... Je me souviens d'un soir que j'ai passé avec Charly, Jean et elles. Luciane et Alice étaient dans la cuisine. Alice est sortie de la cuisine, a demandé qu'on mette le couvert, puis est retournée à ses fourneaux. Deux minutes plus tard, Luciane sort de la cuisine à son tour, prend une bouteille de rhum dans un placard, puis rejoint sa sœur. Huit minutes plus tard, c'est à nouveau Alice qui ressort, un plat à la main, et qui crie : "À table !" À ce moment-là, Luciane surgit derrière moi, pose ses mains sur mes épaules et dit : "Surprise !" Pendant tout ce manège, Alice était seule dans la cuisine. Il lui suffisait de se nouer les cheveux derrière la tête, d'ôter son cardigan et de sourire avant de ressortir pour que je la prenne pour sa sœur... Jean et Charly, qui les avaient déjà vues faire à de nombreuses reprises, m'avaient regardé en rigolant pendant toute la scène.

« ... Elles avaient eu une enfance plutôt marrante, avec des parents qui avaient imposé, lorsqu'elles étaient toutes petites, un mode d'emploi à leurs facéties. Ils leur avaient expliqué que la confusion pouvait être drôle mais que, parfois, il pouvait être crucial de savoir à qui ils avaient affaire. Les phrases comme "Qui es-tu ?", par exemple, pouvant attirer leur réponse préférée – "L'une des deux !" – mais il était convenu qu'à la question "À qui ai-je l'honneur ?", elles étaient tenues de répondre par la vérité. Elles se faisaient un devoir de respecter la règle, et elles en virent tout l'intérêt le jour où elles devinrent adolescentes et voulurent avoir une vie privée... Elles restaient cependant très proches, très au diapason l'une de l'autre. Luciane entraînait sa sœur vers le rire, Alice la tirait du côté des larmes. Plus elles étaient heureuses, plus elles étaient différentes. Plus elles étaient tristes, plus on les confondait. Et d'ailleurs, c'était plutôt Alice qui jouait à être Luciane que l'inverse.

« ... Je ne sais pas si c'est le fait d'avoir dormi pendant une nuit près d'elle, mais j'ai toujours su à qui j'avais affaire quand je m'approchais assez près de l'une ou de l'autre. Ou plutôt, je savais que c'était ou que ce n'était pas Luciane. Car, bien évidemment, elles n'étaient pas absolument identiques. Luciane était la plus rayonnante des deux. C'était la "première jumelle" – elle avait été mise au monde avant sa sœur – et jouait à l'égard d'Alice le rôle de l'aînée. Quand elles discutaient ensemble, c'était presque toujours Luciane qui proposait une solution et qui avait le dernier mot. Non qu'elle l'imposât à sa sœur, mais Alice, tout simplement, se rangeait à son avis comme on se range à l'avis de celui ou celle qui vous rassure et ne vous a jamais fait défaut. Il y avait dans ses yeux une lueur qu'on ne voyait pas dans les yeux d'Alice, sur sa bouche un sourire différent. Même lorsqu'elles étaient maquillées à l'identique, les lèvres de Luciane étaient imperceptiblement plus rouges, son port imperceptiblement plus droit, son regard imperceptiblement plus assuré. Pour qui savait regarder, ça crevait les yeux. Mais nous n'étions pas nombreux à savoir le faire.

« ... La subtile différence qu'elles parvenaient à

abolir aux yeux de la plupart des gens était en revanche criante quand Charly était dans les parages. Il leur était impossible de se faire passer l'une pour l'autre à ses yeux. À son contact, Luciane devenait femme, Alice semblait retourner à l'adolescence. Elles disaient qu'elles ne s'en rendaient pas compte, mais tout le monde le voyait. Comme si le regard qu'il posait sur elles suffisait à les nommer. De fait, c'est un peu ce qui s'était passé. Charly les avait rencontrées dans la librairie où elles travaillaient toutes les deux. Ce jour-là, elles étaient d'humeur massacrante, en guerre contre tous les hommes. Elles avaient mis la même robe austère, noué leurs longs cheveux en chignon, serré leurs pieds dans les mêmes chaussures plates. Un soir que nous étions tous trois assis à une table de café, Luciane m'a raconté que, lorsque Charly était entré, elle l'avait regardé en se disant : "C'est lui." Il s'était avancé vers elle et l'avait soudain vue se dédoubler : Alice venait d'apparaître à son tour derrière le comptoir. Il s'était mis à rire et, pour se donner une contenance, avait lancé : "Je vois qu'on est vraiment bien accueilli, ici, mais à qui ai-je l'honneur ?", ce qui bien sûr les avait pétrifiées sur place. Luciane avait fini par prendre la parole, pour nommer sa sœur et se nommer ensuite. À dater de ce jour, jamais plus Charly ne les avait confondues. Même quand elles étaient côte à côte, il savait laquelle des deux femmes était "la sienne". L'amour sépare les semblables et rapproche les contraires. Charly et Luciane appelaient Alice "petite sœur" ;

Alice les appelait “vous deux”, ou “elle et lui.” C’était sa manière à elle de dire qu’elle ne voulait pas les séparer.

« .. J’avais quelques points communs avec Charly. J’étais médecin, je détestais la hiérarchie hospitalière, j’aimais l’amour et l’amitié. Quand j’ai commencé à aller les voir, Luciane et lui, Alice s’est mise à m’appeler, pour m’inviter à passer prendre le thé rue Ambroise-Paré – dans leur “maison commune”, comme ils l’appelaient. La première fois, j’ai cru bêtement qu’elle avait envie de jeter elle aussi son dévolu sur un toubib. Quel crétin j’étais ! Elle ne voulait pas d’un amant, mais d’un confident, de quelqu’un qui saurait écouter sa tristesse, son sentiment d’exclusion, cette douleur indicible qu’elle éprouvait en voyant sa sœur complète sans elle, en voyant Charly heureux sans elle. Elle les aimait tous les deux, et elle ne pouvait les aimer pleinement ni l’un ni l’autre... »

– Et Jean ? demande Pauline.

– Ah, Jean...

11

La femme en question

Tourmens, palais de justice

– Veuillez décliner vos nom, prénom, date et lieu de naissance, adresse et profession.

– Marianne Martin, épouse Desormes, 24 novembre 1961 à Tourmens. J'habite au 6, rue de la Marge. Je suis femme de ménage. Je suis mariée et j'ai deux enfants...

– Depuis quand travaillez-vous chez monsieur et madame Goffin ?

– Ça va faire six ans. Ça fera six ans en mai.

– Quelles sont vos fonctions ?

– Je fais le ménage, la lessive et je repasse. De temps en temps, j'aide madame Goffin à faire la cuisine. Quand elle reçoit des amis...

– Veuillez me raconter très précisément ce que vous avez vu le matin du 7 février, lorsque vous êtes entrée au domicile de monsieur et madame Goffin...

– Je suis arrivée à 8 heures comme d'habitude. Je suis entrée par la porte de rue, avec ma clé... Arrivée sur le palier, j'ai frappé, comme je le fais toujours quand j'arrive, et j'ai voulu déverrouiller la serrure trois points, mais la porte s'est ouverte au premier tour, comme si on s'était contenté de la refermer sans la verrouiller.

– C'est inhabituel ?

– Oui. Monsieur Goffin part en général très tôt le matin et il verrouille toujours derrière lui, même si madame Goffin est à la maison.

– Arrive-t-il souvent que madame Goffin n'y soit pas ?

– Non, non, ça n'est pas ce que je veux dire... Mais ce jour-là, je savais qu'elle n'y serait pas, elle m'avait dit qu'elle passait la journée à Paris, chez sa sœur. Et à l'heure où j'arrive, monsieur Goffin est déjà parti... Alors c'était bizarre. En fait, j'ai pensé que monsieur Goffin avait oublié quelque chose, et qu'il venait de revenir.

– Qu'est-ce qui vous a fait penser ça ?

– Eh bien, quand je suis arrivée dans le hall, j'ai dû appeler l'ascenseur.

– Que voulez-vous dire ?

– En ce moment il n'y a que madame Marquand, la dame du troisième étage, et monsieur et madame Goffin, dans l'immeuble. Les matins où je vais travailler là-bas, quand j'arrive, l'ascenseur est toujours dans le hall, car monsieur Goffin est la première personne qui l'emprunte le matin, pour descendre. Mais ce matin-là, l'ascenseur était au quatrième, comme si quelqu'un venait de monter...

– Que s'est-il passé ensuite ?

– Comme il fait sombre dans le couloir, j'ai allumé.

– Y avait-il quoi que ce soit d'inhabituel dans l'appartement ?

– Non. Je n'ai pas remarqué. Je me suis dit que c'était bien silencieux, alors que je pensais entendre monsieur Goffin. Je suis allée enlever mon imperméable et poser mon sac dans la cuisine, à l'autre bout du couloir, et c'est en allant dans le salon que j'ai... senti l'odeur.

– Pourquoi êtes-vous allée dans le salon ?

– Pour ouvrir les volets roulants... C'est ce que je fais tous les matins. Mais ce matin-là les volets étaient déjà ouverts, et...

– Continuez...

– Et monsieur Goffin était allongé sur la moquette, son imperméable étendu sur lui. Il y avait du sang partout autour de lui... Il ne bougeait plus. J'ai tout de suite pensé qu'il était mort, je n'ai voulu toucher à rien, j'ai appelé les pompiers.

– Pourquoi les pompiers ?

– Parce que... j'ai cru qu'il s'était tué, et qu'il s'était caché pour que madame Goffin ou moi on ne voie pas ça en entrant. Vous allez me dire : Comment aurait-il pu se tuer et se mettre son imperméable sur le visage ensuite ? » Mais sur le coup, c'est ce que j'ai pensé. Ça m'est arrivé une fois chez un monsieur âgé pour qui je faisais la cuisine mais qui tenait toujours à faire le ménage lui-même. J'arrive le matin, j'ouvre la porte, tout est parfaitement en ordre, la vaisselle est faite, le lit aussi, la maison est nickel, mais le monsieur n'est nulle part, le frigo est vide et il n'y a plus d'électricité. Je me dis : « Il n'est quand même pas parti en voyage sans me prévenir ! » Je vais dans le cellier pour voir si le compteur a sauté et, quand je le remets en marche, le petit père est là, allongé à même le sol sur des sacs à pommes de terre, il s'est tiré une balle dans la tête avec le pistolet qu'il avait rapporté de la guerre. Il était veuf depuis plusieurs années, il souffrait trop d'avoir perdu sa femme alors il avait décidé d'en finir sans rien dire à personne... Mais plus tard j'ai pensé : « Il savait que j'allais le trouver, alors il a fait ça dans son cellier pour ne pas en mettre partout. » C'est pour ça que, sur le coup, en voyant monsieur Goffin, j'ai cru qu'il avait fait la même chose... Plus tard, en y réfléchissant, j'ai compris que c'était ridicule. Monsieur Goffin n'était pas du genre à faire ça. Même si...

– Même si... ?

– Non, non. Il n'était pas du genre à faire ça, voilà tout...

– Pouvez-vous m'en dire plus... ?

– Le petit vieux dont je vous parlais, c'était un petit homme malheureux. Monsieur Goffin était très connu, il passait à la télévision sans arrêt, il gagnait beaucoup d'argent, sûrement, et son travail était très respecté... Je me souviens d'avoir entendu dire qu'il avait beaucoup fait pour les femmes... Il était très admiré.

– Et vous, vous l'admiriez ?

(Silence.)

– Moi ? Moi, je suis femme de ménage. Monsieur Goffin... était sûrement un homme très important, mais je ne suis pas bien placée pour dire si c'était justifié ou non...

– Vous avez l'air de suggérer que ça ne l'était peut-être pas...

– Je ne voudrais pas avoir l'air de médire de mes employeurs. Monsieur Goffin est mort, et j'aime beaucoup madame Goffin...

– Vous n'aimiez pas son mari ?

(Soupir.)

– Je n'aimais pas voir madame Goffin aussi triste...

– Elle et son mari ne s'entendaient pas ?

– Je ne sais pas. Ils ne manifestaient pas beaucoup leur attachement, mais je ne les ai jamais entendus se disputer, si c'est ce que vous voulez dire. En fait, je les ai rarement vus ensemble depuis que je travaille chez eux. Quand j'arrive le matin, monsieur Goffin est parti. Il rentre bien après que j'ai fini. En six ans, j'ai dû le voir six ou huit fois, c'était toujours des soirs où je restais aider madame Goffin à préparer un dîner pour des amis et où il repassait à l'appartement pour se changer.

– Pour se changer ? Vous voulez dire qu'il ne rentrait pas dîner quand elle recevait ?

– Non. Chez eux, madame Goffin reçoit toujours seule. D'après ce qu'elle m'a dit, il y a seulement sa sœur, son beau-frère et deux ou trois amis. Trois. Régulièrement, on met six couverts à table. Ça n'arrive que deux ou trois fois par an, remarquez bien, et c'est toujours un après-midi où je suis là. Deux jours avant, elle me demande si ça ne m'ennuie pas de rester un peu plus longtemps avec elle, alors je demande à ma mère d'aller chercher les enfants à l'école et au lieu de partir à 16h30, je pars à 20 heures, juste avant que la sœur et les amis de madame Goffin n'arrivent. Mais à cette heure-là, monsieur Goffin est déjà passé et reparti...

– Il ne croise jamais la sœur de madame Goffin ?

– Non. Enfin, moi je ne les ai jamais vus ensemble dans l'appartement... Et monsieur Goffin passe très vite, sans rien dire. Il arrive qu'on l'entende entrer pendant qu'on est en train de mettre la table puis qu'une demi-heure plus tard on l'entende repartir sans l'avoir vu...

– Vous souvenez-vous quand madame Goffin a reçu ses amis pour la dernière fois ?

– Oui... au mois d'octobre... Maintenant que j'y pense, c'est souvent au mois d'octobre qu'elle reçoit sa sœur et ses amis... Le premier mardi d'octobre. (Silence de quelques secondes.) Elle fait toujours plus qu'il ne faut, et comme je reste pour l'aider, elle insiste pour que j'emporte de quoi faire dîner mon petit monde...

– Comment expliquez-vous que madame Goffin ait besoin d'aide pour préparer à manger pour six personnes ? Elle ne cuisine pas bien ?

– Si, si, au contraire ! Elle cuisine très, très bien. Mais pas souvent. J'imagine qu'elle doit bien faire la cuisine pour son mari, de temps à autre... Mais je l'ai souvent entendue dire que ça l'ennuie de passer l'après-midi seule à cuisiner, alors je l'aide et on papote. Elle me parle de sa sœur, qu'elle aime beaucoup. C'est sa sœur jumelle, mais elles ne se ressemblent pas tant que ça, finalement...

– Vous l'avez déjà rencontrée ?

– Une seule fois, l'an dernier en octobre. Elle est arrivée en avance, elle était seule. Je l'ai entendue dire à madame Goffin que son mari avait été retenu à Paris et arriverait plus tard avec leurs amis... Quand j'ai ouvert, avec la mauvaise lumière du couloir, j'ai d'abord cru que c'était madame Goffin qui était sortie pour aller chercher quelque chose dans sa voiture, au parking, mais elle m'a dit « Bonjour, je suis la sœur d'Alice... » et j'ai compris. Après, quand elles se sont mises à parler, j'ai pu voir la différence...

– La différence ?

– Madame Goffin est un tout petit peu plus grande... Ou peut-être qu'elle se tient un tout petit peu plus droite... Ce soir-là, elle était triste et songeuse... et plutôt tendue quand monsieur Goffin est repassé. Mais dès qu'elle a vu sa sœur, elle a été transformée. Elle l'a embrassée comme si elle ne l'avait pas vue depuis des lustres, elle l'a entraînée dans sa chambre pour parler avec elle. Quand je suis partie, je suis allée leur dire au revoir, elles se tenaient l'une contre l'autre devant la baie vitrée, et à ce moment-là j'ai remarqué que madame Goffin était un tout petit peu plus grande... Elle est venue vers moi, elle m'a dit : « Si vous saviez comme je suis heureuse » et j'ai dit que je le voyais bien et elle m'a embrassée, ce qu'elle ne fait jamais, ça m'a surprise ! Du coup, elle s'est mise à rire, comme si elle était un peu gênée d'avoir fait ça, mais sa sœur s'est approchée et m'a embrassée à son tour...

(Silence.)

– Avez-vous revu madame Goffin depuis la mort de son mari ?

– Non. Elle est allée chez une de ses amies, madame Le Guern. Elle aurait sûrement préféré aller chez sa sœur, mais c'est à Paris et je crois qu'on lui a demandé de ne pas quitter Tourmens pendant l'enquête...

– À votre avis, qui aurait pu vouloir du mal à monsieur Goffin ?

(Silence.)

– Je ne sais pas. Je ne vois pas... J'imagine qu'un homme comme ça doit se faire des ennemis, des jaloux... Et puis, il faisait de la politique... Mais de là à le tuer...

– À ce propos, est-ce que vous avez jamais entendu madame Goffin dire qu'il avait reçu des menaces, ou des coups de téléphone anonymes ?

– Non. Je peux même vous dire que, quand j'allais chez eux, le téléphone ne sonnait presque jamais, même quand madame Goffin était là. Je pense que leur ligne est sur liste rouge, pour qu'ils ne soient pas embêtés sans arrêt. Et puis, s'il a besoin d'être joint, monsieur Goffin a sûrement un portable...

– Bien. Voyez-vous autre chose à me dire ?

– Non, je ne vois pas. Je vous ai tout dit.

– Je vous remercie. Je vais vous demander de relire votre déposition, et vous pourrez rentrer chez vous. Mais je serai peut-être amené à vous réinterroger.

– Bien, monsieur le juge.

12

En marge de l'enquête

– Dites-moi, Benamou, vous ne trouvez pas qu'il y a quelque chose d'étrange dans les déclarations que vous a faites la femme de ménage ?

– Ah, le moins qu'on puisse dire, c'est qu'elle n'aimait pas beaucoup son patron !

– Oui, mais ce n'est pas très original. Non, ce qui me frappe, c'est autre chose. Alors que le cadavre avait le visage recouvert, elle n'a pas cherché à l'identifier.

– Elle a préféré ne toucher à rien...

– Vous croyez qu'elle a eu cette présence d'esprit-là ? Vous êtes bien naïf. La plupart des gens ne réagissent pas comme ça. S'ils trouvent un corps à terre, ensanglanté, le visage recouvert... ils cherchent à savoir de qui il s'agit, ils touchent à tout, quitte à remettre les choses en place en croyant qu'on n'y verra que du feu. Elle, non. Elle n'a effectivement touché à rien, et surtout pas au cadavre. *Comme si elle avait su immédiatement* que c'était Goffin et qu'il était mort...

– Vous ne pensez tout de même pas qu'elle l'a tué ?

– J'en doute, répond Watteau. Elle n'avait aucune raison de le faire. Et puis, Goffin est mort dans la nuit, nous le savons, et je ne vois pas sa femme de ménage l'attendre à 1h45 du matin dans son appartement pour lui régler son compte...

– Elle a la clé...

– La clé de l'appartement. Pas celle de l'escalier. Ce jour-là, elle ne travaillait pas. Et sur l'enregistrement vidéo, on ne la voit pas emprunter l'ascenseur, que je sache ?

– Non. En dehors de Goffin et de sa femme, personne n'a emprunté l'ascenseur le jour du meurtre.

– Mais dites-moi, ça ressemble fort à un crime impossible...

– Je vous demande pardon ?

* * *

– Monsieur Watteau ? Germaine Le Guern, juge aux affaires familiales. On m'a prévenue que vous étiez chargé de l'affaire Goffin.

– C'est exact...

– Je ne sais pas pourquoi Bone a été dessaisi, et ça ne me regarde pas, mais je tenais à vous dire, de collègue à collègue, qu'Alice Goffin n'y est pour rien. Je la connais très bien, j'ai passé la soirée avec elle chez sa sœur le soir du meurtre... Vous ne la soupçonnez tout de même pas ?

– Je ne crois pas qu'il soit souhaitable que nous discutions de cela téléphoniquement, chère madame.

– Comment, mais, entre collègues ?...

– Je suis tenu au secret de l'instruction, vous le savez, et même entre collègues ce secret est précieux...

– Mais...

– Cela dit, merci de m'apprendre que vous êtes la mystérieuse amie avec laquelle madame Goffin se trouvait à Paris. À ce titre, je vais vous convoquer afin de recueillir votre déposition... À très bientôt, donc !

* * *

– Madame Basileu, que dit-on de madame Le Guern dans les couloirs du tribunal ?

– Je peux parler franchement, monsieur le juge ?

– Bien entendu.

– C'est une peau de vache. Très rigide, très agressive avec les hommes. Elle charge systématiquement les prestations compensatoires et sacque presque tous les pères qui demandent la garde de leurs enfants... Une furie. Et de mauvaise foi, avec ça... Quand les expertises ne vont pas dans son sens, elle les reformule.

– Charmant personnage... Ce que je ne comprends pas, c'est ce que madame Goffin a pu aller faire avec elle chez sa sœur.

– Elles étaient peut-être amies...

– Pourriez-vous être amie avec madame Le Guern ?

– Je ne crois pas. Mais je ne suis pas madame Goffin.

– Certes. Mais si madame Goffin est la femme que j'imagine, il me paraît peu probable qu'elle se soit liée d'amitié avec elle...

– C'était peut-être une amie de monsieur Goffin... Non, c'est une idée stupide...

– Pas du tout, madame Basileu, pas du tout. Je pense au contraire que c'est une idée brillante...

13

Bob et Carole et Ted et Alice (2)

Paris, rue Popincourt

– Jean, dit Gabriel, c'est une tout autre histoire. Jean et Charly n'étaient pas jumeaux mais c'était tout comme. Ils étaient nés le même jour, presque à la même heure ; leurs mères partageaient la même chambre à la maternité ; elles s'étaient liées d'amitié, bien qu'elles n'aient pas été du même milieu. On peut presque dire que les parents de Charly avaient adopté ceux de Jean. C'était un couple d'instituteurs « rouges » très politisés, très militants. Le père de Jean était électromécanicien au service du téléphone et il avait fait un mariage à part, car sa femme faisait partie de l'aristocratie de Tourmens. Elle l'avait épousé par amour et son milieu ne l'avait ni snobée ni rejetée mais, par fierté, elle s'en était éloignée parce qu'elle ne voulait pas humilier son mari en acceptant de l'aide de sa famille ou de ses amis. Elle ne leur avait même pas dit qu'elle était enceinte. Lorsque les deux femmes s'étaient retrouvées le même jour après leur accouchement, la mère de Jean avait terriblement besoin d'une sœur, et la mère de Charly venait de perdre la sienne dans un accident de voiture. Elles s'étaient soutenues mutuellement, et de fil en aiguille les deux familles étaient devenues inséparables. Les garçons avaient grandi ensemble, ils avaient fréquenté les mêmes écoles, passé leurs vacances dans les mêmes colos, passé le bac le même jour. Ils avaient été élevés comme des frères jumeaux, et ils faisaient presque tout ensemble, comme le font des frères jumeaux... Et pourtant, ils étaient aussi différents que possible. L'un était aussi blond que l'autre était brun. Charly, fils d'instits, parlait très vite, penché vers son interlocuteur en balayant l'air des mains et en faisant force grimaces. Jean, qui avait toujours eu beaucoup d'admiration pour son grand-père maternel, se tenait, parlait et marchait très droit, comme lui.

« ... Chacun des deux savait imiter l'autre d'une manière irrésistible, rien qu'en adoptant ses mimiques. Leur numéro favori, devant un nouveau venu ou au café, consistait pour Charly à faire le Jean pendant que Jean faisait le Charly. Pendant que Charly se redressait petit à petit, croisait les jambes, relevait le menton, soignait sa diction et châtiait son vocabulaire, Jean se penchait vers son interlocuteur, agitait les mains et parlait fort. Il suffisait qu'Alice et Luciane apparaissent, si possible vêtues à l'identique, et demandent aux garçons "À qui ai-je l'honneur ?" – et, bien entendu, Charly répondait "Je suis Jean", pendant que Jean répondait "Je suis Charly" – pour que le spectateur se sente complètement paumé... Je les ai vus jouer à ça dans le hall du *Royal*, le cinéma d'art et d'essai de

Tourmens... Ils se sont mis à discuter sec du film qu'ils allaient voir, Charly très agressif, Jean taciturne et hautain, puis ils ont inversé les rôles. Les filles les regardaient par la porte vitrée et, quand la transformation a été complète, elles sont entrées en disant : "Encore en train de vous chamailler, les garçons ?" Alors ils se sont jetés dans les bras l'un de l'autre en se roulant un patin. »

– Ils faisaient ça pour impressionner les nanas ? demande Cheryl.

– Non, répond Gabriel, songeur. Pour foutre les mecs mal à l'aise... Bien avant l'adolescence, Jean était déjà attiré par les garçons. Il avait passé un moment difficile vers quatorze ou quinze ans. Les filles l'adoraient parce qu'il était fin et raffiné, et parce qu'il ne les emmerdait pas. Charly voulait en profiter, et le tannait pour qu'il lui présente ses copines. Et puis, un jour, Jean avait fini par l'engueuler en le traitant de beauf, et lui avait mis les points sur les « i ». Il lui avait dit un truc du style : « Je ne jouerai pas les rabatteurs pour toi. D'abord parce que c'est immoral, ensuite parce que tu ne pourras jamais me rendre la pareille en me présentant des mecs, tu les fais fuir ! » Il aurait pu ajouter : « Et puis, je ne suis pas très pressé de te voir heureux sans moi. »

« ... Quand j'ai rencontré cette petite bande, ce qui m'a frappé c'est le fragile équilibre qui les tenait tous ensemble. Tout tournait autour de Charly, tu vois. Luciane, bien sûr, mais Alice, malgré sa jalousie, adorait Charly parce qu'il rendait Luciane heureuse, et Jean adorait Luciane pour la même raison. Alors, les deux laissés-pour-compte se consolaient dans les bras l'un de l'autre, comme un frère et une sœur puisqu'il n'était pas question de sexe entre eux. Ils vivaient le bonheur de leurs plus qu'aimés par procuration, ils partageaient leur maison à défaut de partager leur vie, ils allaient avec eux au cinéma, ils partaient avec eux en vacances, ils partageaient la chambre ou la tente voisine et passaient la nuit à imaginer Charly et Luciane s'envoyant en l'air. »

– Ils avaient sûrement des amants chacun de leur côté, ils n'avaient quand même pas fait vœu de chasteté ! Alice a bien couché avec toi...

– Oui... Mais c'est parce qu'elle allait particulièrement mal ce jour-là, je ne t'ai pas encore tout raconté... Des amants, Jean, comme tous les jeunes homos, a dû en avoir quelques-uns, à une certaine époque, mais il ne les montrait pas. Juste avant les années 80, il n'y avait pas de bar ouvertement gay. Ils n'en étaient plus à se rencontrer dans les pissotières, il y avait des boîtes de nuit ouvertes aux habitués, ou des cafés qui servaient de points de rencontre aux heures les plus tardives de la nuit, mais en dehors de Paris, ça restait clandestin. À l'époque dont je te parle, Jean avait vingt-quatre ou vingt-cinq ans, il fréquentait déjà depuis plusieurs mois une boîte du vieux Tourmens qui s'appelait *La Limite*. N'y entraient que ceux qui montraient patte blanche, pour éviter les problèmes, autrement dit : il fallait être parrainé par un habitué.

– Tu y es allé, toi ?

– Seul ? Non, on ne m'aurait pas laissé entrer. Mais Jean, qui pour moi était une sorte de mutant, m'a raconté beaucoup de choses. Il parlait ouvertement de son homosexualité, qui lui posait beaucoup moins de problèmes que son amour sans retour pour Charly. Dans un sens, il était très militant : il avait fait un voyage jusqu'à San Francisco à la fin des années 70 pour y rencontrer les membres de la communauté locale et, quand il avait vu la liberté d'expression et la tolérance dont les homosexuels bénéficiaient là-bas, ça lui avait donné des idées. Il faut dire que, côté famille, il était gâté. Son père était mort accidentellement quand il avait douze ou treize ans. Tombé d'un poteau de téléphone. Sa mère, qui ne bossait pas, était retournée vivre avec Jean chez ses parents. C'était une femme hors du commun, madame de Lermignat, il m'a emmené une ou deux fois la voir au château. Elle avait compris très tôt de quel bois était fait son fils, en le voyant continuer à tourner autour de Charly pendant que Charly courait après les filles. C'est elle qui l'avait aidé à prendre conscience de ce qu'il était... Et lui, du coup, il avait envie de faire sortir du placard tous les homos refoulés qu'il croisait, en les incitant à vivre leur sexualité librement, sans complexe, à l'américaine. Il disait : « Plus nous vivrons nombreux et ouvertement, moins il sera possible de nous rejeter. » Ça m'impressionnait beaucoup.

– Tu as failli virer ta cuti ?

Gabriel secoue la tête en riant.

– Pas vraiment, non. Ce n'est pas sa sexualité qui m'impressionnait, c'est sa volonté de la dire à tout le monde... Sa soif de vérité gênait beaucoup certains homos, surtout les plus âgés, qui demandaient seulement qu'on leur foute la paix... Évidemment, c'était avant le sida. Depuis, s'il n'est pas mort, j'imagine qu'il a dû devenir militant d'AIDeS ou d'Act-Up. Mais à l'époque, ça lui a valu quelques plaies et bosses. Et à moi aussi, par la même occasion...

14

Les seins de glace

Play, lieu-dit « La Fermette »

– Jean, j'ai surtout commencé à le connaître la nuit où il a débarqué aux urgences cassé de partout, avec quelques-uns de ses potes. Avant ça, je l'avais vu régulièrement chez Charly et Luciane quand je passais les voir le soir, mais je n'avais jamais passé beaucoup de temps à lui parler seul à seul. Au début, je croyais qu'il vivait avec Alice, et un soir que je faisais une remarque à ce sujet, un truc un peu bête du genre « Vous faites deux beaux couples », ils se sont mis à rigoler comme des baleines, tous les quatre, et il y avait des larmes dans leurs rires. C'est surtout à ça que servaient les gens venus de l'extérieur, je crois : à les faire rire en posant sur eux un regard naïf, qui paradoxalement les ramenait à la réalité. Alice et Jean partageaient l'appartement pour pouvoir rester près de ceux qu'ils aimaient. À part ça, ils vivaient leur vie assez mal. Alice se méfiait de tous les mecs comme de la peste et le plus souvent elle haïssait ceux qu'elle ramenait chez elle et les foutait dehors au petit matin. Jean avait la vie nocturne que lui permettait l'argent de sa famille ; mais il rentrait seul de ses galopades nocturnes. Quand il croisait le dernier amant en date d'Alice, il savait tout de suite si le type se barrait contraint et forcé, ou s'il allait acheter les croissants. Un jour, le type qu'il croise dans l'escalier lui paraît beaucoup plus jeune que les autres. Il s'appelle Gabriel Lecouvreur, il a fini le lycée l'année d'avant, il est vaguement inscrit en fac, mais il est surtout homme à tout faire chez un artisan relieur du vieux Tourmens. Il ne paie pas de mine, il a les bras si longs qu'ils touchent presque le sol, on dirait un grand singe. Mais de toute évidence, il est au goût d'Alice, car le revoilà un quart d'heure plus tard avec des croissants pour tout le monde et Jean l'adopte immédiatement, un peu comme Charly m'avait adopté... C'est drôle, le rôle qu'on a joué pour eux, chacun de notre côté... Ils avaient besoin d'un cadet, de quelqu'un à qui apprendre ce qu'ils savaient... On ne peut pas dire que ça leur ait servi à grand-chose...

– Que voulez-vous dire ?

– Qu'à jouer les mentors on peut se retrouver dans la merde...

« ... Mes soirées occasionnelles rue Ambroise-Paré étaient les seules récréations que j'avais, à ce moment-là. Je jonglais entre les gardes aux urgences, les nuits à la maternité et les remplacements. Le jour dont je vous parle, j'avais fait un long remplacement à la campagne, et j'en étais revenu plutôt perturbé. On m'avait appelé tôt le dernier matin chez une patiente d'une quarantaine d'années qui revenait de l'hôpital et qui ne se sentait pas bien. Elle y était restée une nuit pour un geste assez simple : on lui avait enlevé un kyste bénin du sein sous anesthésie générale. Elle se plaignait de vertiges, d'étouffement, bref, ça n'allait pas. Je ne la trouvais pas mal, seulement un peu essoufflée, et elle répétait qu'elle ne comprenait pas, que ses deux seins lui faisaient mal comme si on les lui avait opérés tous les deux. Elle était très angoissée et quelque chose m'inquiétait chez cette femme. Par acquit de conscience, je l'avais renvoyée au service de gynéco, là où on l'avait opérée, en me disant que s'il fallait lui faire des examens complémentaires, ça irait plus vite que de repasser par les urgences... Ensuite, j'avais eu une journée de médecine générale bien chargée, avec son lot de consultations et de visites à la chaîne. Pour couronner le tout, à 20 heures, je reprenais mon boulot aux urgences par une garde de nuit. C'est ce qu'on appelle une bonne gestion de l'emploi du temps...

« ... Quand j'arrive dans le service, les infirmières me sautent dessus en me parlant de la "patiente que j'ai envoyée". Moi, je ne vois pas à qui elles font allusion, je n'ai hospitalisé personne ce jour-là, sauf... Eh oui, c'est bien de la dame opérée du sein qu'il s'agit. Contre toute attente, alors que j'ai appelé le service le matin pour qu'elle soit réadmise, en suggérant qu'il s'agit peut-être d'une complication de l'intervention, un gynéco l'a refoulée. L'ambulance l'a alors amenée aux urgences où, brutalement, elle s'est mise à aller très mal, sa tension a chuté, elle est tombée dans le coma et, sans qu'on ait pu comprendre ce qui se passait, elle est morte en quelques minutes. Le mari, évidemment, titube entre l'abattement et la rage, il est sûr que c'est la faute du gynécologue, il parle d'aller le tuer, bref, les infirmières me demandent de le calmer, d'ailleurs elles lui ont dit que j'allais arriver et il m'attend.

« ... Il était prostré sur le corps de sa femme, dans la salle de réa où on avait vainement essayé de la ramener à la vie. Quand il m'a vu entrer, il s'est avancé vers moi en me disant : “Vous le saviez, docteur, que ça n'allait pas, et vous le leur avez dit mais ils ne vous ont pas écouté, ils ont pris ça à la légère et voyez maintenant, qu'est-ce qu'on va devenir, mes enfants et moi ? On nous avait dit que c'était une intervention bénigne, comment c'est possible qu'elle soit morte ? Et pourquoi n'ont-ils pas voulu d'elle ?” Il était très agité, j'ai essayé de le calmer, de lui faire dire exactement ce qui s'était passé. Il m'explique que, lorsqu'ils sont arrivés dans le service, les infirmières ont aussitôt appelé l'interne, mais que celui-ci a refusé de l'examiner et a exigé qu'elle passe par les urgences. Je lui demande de qui il s'agit. Il me donne le nom de Charly.

« ... Je ne croyais pas une seconde que Charly ait pu négliger une patiente ainsi, d'autant plus que c'était moi qui l'avais envoyée. Mais le mari de la morte était prêt à aller tout casser en gynécologie, et je n'ai pu le convaincre de ne pas le faire sur-le-champ qu'en lui promettant d'aller moi-même, le lendemain, demander des comptes. Quand il a finalement consenti à repartir s'occuper de ses enfants, ça faisait deux heures que j'étais avec lui, les patients s'entassaient dans le couloir et les infirmières me faisaient des signes désespérés. J'abandonne l'homme en deuil, en lui faisant promettre de rentrer chez lui, et j'essaie de rattraper mon retard. Vers 1 heure du matin, les vieilles dames tombées de leur lit étaient casées dans des chambres de gériatrie, les enfants fiévreux étaient rentrés chez eux avec de l'aspirine et des parents rassurés, les amants sans capote étaient repartis avec le protocole qui, à l'époque, tenait lieu de pilule du lendemain, et les brûlures domestiques gardaient la main dans l'eau froide en attendant qu'on leur fasse un pansement. Je m'allonge tout habillé dans la chambre de garde, mais je pose à peine la tête sur l'oreiller que le téléphone sonne et l'infirmière m'annonce l'arrivée de deux blessés à la suite d'une rixe. Je demande s'ils viennent de loin, on me dit que non, qu'ils devraient débarquer dans un quart d'heure. Aussi sec, je m'endors.

« ... Un quart d'heure de sommeil, c'est à la fois comme une seconde et comme un mois. On a du mal à émerger tout en ayant le sentiment qu'on n'a pas dormi... Le téléphone me réveille à nouveau, les blessés sont là, me crie l'infirmière, très agitée, apparemment, la castagne n'est pas terminée. Au bout du couloir, ça chauffe, en effet. Deux types au crâne rasé, en blouson de cuir et rangers, le visage en sang, font face à une demi-douzaine d'autres types, manifestement plus âgés, également en cuir mais très moustachus, ceux-là. Sans réfléchir, je m'interpose entre les skinheads et les gros bras et je gueule : "Qu'est-ce que vous branlez, merde, vous êtes dans un hôpital !" Et là, au milieu de ces types prêts à s'entretuer, je me dis que je viens de faire une grosse connerie. »

15

La femme flambée

Tourmens, bureau du juge Watteau

– Veuillez décliner vos nom, prénom, date et lieu de naissance, adresse et profession.

(D'une voix presque inaudible :)

– Geneviève Carpacci, née Georges, née le 6 avril 1966 à Nice, 120, rue du Danube, à Tourmens. Sans profession.

– Si je vous ai convoquée aujourd'hui, madame, c'est bien entendu en relation avec la mort du professeur Goffin. Nous savons que vous l'avez vu au restaurant de l'hôtel *Continental,* quelques heures avant son décès.

– Effectivement...

– Dans quelles circonstances ?

– Je dînais au restaurant de l'hôtel...

– Seule ?

– Oui, seule. Édouard Goffin y est entré alors que je finissais de dîner, il m'a saluée, je l'ai invité à s'asseoir, nous avons bavardé quelques minutes, et puis je suis partie. Voilà. C'est tout.

– Vous connaissiez bien monsieur Goffin ?

– Assez bien. Mon mari et lui sont... étaient confrères.

– Ils étaient même un peu plus que ça. Pardonnez-moi si je me trompe, mais votre mari lui avait demandé de figurer sur sa liste, lors des prochaines municipales...

– C'est vrai. Mais il ne venait qu'en vingt et unième ou vingt-deuxième position...

– Votre mari ne souhaitait pas qu'il fût élu avec lui ?

– Je ne connais rien aux affaires politiques, mais je pense qu'Édouard Goffin n'avait pas d'ambition en ce domaine.

– Vous semblez bien catégorique...

– Nous en avions parlé, un soir où sa femme et lui dînaient chez nous...

– Votre mari et vous-même dîniez souvent avec les Goffin ?

– Pas vraiment. Je crois que ça n'a dû se produire que deux ou trois fois en tout depuis dix ans, lorsque nous sommes arrivés à Tourmens. Nous les avions invités une fois ou deux, mais ils ne nous avaient jamais rendu l'invitation. Madame Goffin n'aimait pas recevoir... Nous les avons invités une nouvelle fois il y a quelques mois. C'est à cette occasion qu'Alphonse a proposé à Édouard Goffin de se joindre à sa liste. Le dîner était destiné à lui en parler.

– Et c'est avec vous que monsieur Goffin en a parlé...

– Mais non, voyons ! Ils en ont parlé ensemble devant nous, à table, et monsieur Goffin a accepté, à titre symbolique, à condition de ne pas figurer parmi les candidats susceptibles d'être élus. Il ne voulait pas que cela interfère avec sa carrière hospitalière.

– Je vois... Et quel était le sentiment de madame Goffin, à ce sujet ?

– Je l'ignore. Ce soir-là, madame Goffin n'est pas venue. Son mari nous a expliqué qu'elle était souffrante.

– Vous la fréquentiez par ailleurs ?

– Non. Je l'ai vue deux fois, en tout et pour tout. Elle sortait peu.

– Mmhhh. En dehors de ces trois dîners en dix ans, avez-vous eu d'autres occasions de rencontrer monsieur Goffin ?

– D'autres occasions ?

– Je veux dire, d'ordre privé.

– Je ne vois pas ce que vous voulez dire...

(Soupir.)

– Voyons, madame, il y a eu mort d'homme.

– Et vous me soupçonnez... ?

– Franchement, je ne crois pas que vous ayez eu le moindre motif d'assassiner monsieur Goffin. Votre époux, en revanche, n'appréciait peut-être pas l'habitude que monsieur Goffin et vous-même aviez prise de passer quelques heures ensemble dans la suite 911 de l'hôtel *Continental*...

(Silence.)

– Mon mari n'a pas tué Édouard...

– Comment pouvez-vous en être sûre ?

– J'étais avec lui à l'heure où Édouard Goffin a été tué...

– Vraiment ? À quelle heure le professeur Goffin vous a-t-il quittée ?

– Vers 1h30 du matin, je crois...

– Et vous avez retrouvé votre mari aussitôt...

– ... Je l'ai appelé de l'hôtel, et il est venu me chercher...

– C'est habituel, pour vous, d'appeler votre mari juste après avoir laissé partir votre amant ?

(Silence, puis, d'une voix très rauque :)

– Vous entendez ma voix, monsieur le juge ? Elle est cassée. Vous voyez ces marques sur mon cou ? Édouard Goffin a... pimenté son plaisir en m'étranglant avec son nœud papillon... (Sanglots.) J'ai cru qu'il allait me tuer, je me suis débattue, il a fini par me lâcher, mais je me suis évanouie. Quand je suis revenue à moi, je l'ai entendu quitter la chambre. J'étais incapable de rentrer chez moi, j'ai appelé mon mari... Il est venu me chercher avec son chauffeur, et ils m'ont emmenée à la clinique Beauclair, pour me faire examiner par un ORL... Mon mari ne m'a pas quittée jusqu'au matin.

– Cet... *incident* ne l'a pas fait réagir ?

– Si ! Bien sûr que si ! Il avait l'intention de... porter plainte pour viol.

– Je vois...

– Mais, le lendemain matin, quand nous avons appris le décès du professeur Goffin...

– Vous n'avez pas jugé utile de donner suite. Évidemment... Eh bien, madame, si vos dires se vérifient – et je ne doute pas de leur exactitude –, je n'aurai pas besoin de vous revoir... Une dernière chose...

– Oui ?

– Monsieur Goffin vous a-t-il paru inquiet, soucieux, préoccupé, le soir où... vous l'avez vu pour la dernière fois ?

– Au restaurant, il avait l'air d'aller parfaitement bien. Il sortait d'une émission de télévision. Il m'a parlé d'une subvention que le ministre allait lui accorder...

– Et plus tard ?

– Je ne sais pas. Quand il est entré dans la chambre, je somnolais. J'avais pris des tranquillisants avant qu'il arrive.

– Tiens ? Puis-je vous demander pourquoi ?

– Parce que je n'ai jamais aimé ça.

16

Face-à-face (1)

Paris, rue Popincourt

– J'étais curieux comme un môme. Cette vie nocturne, ces rencontres de mecs, ça m'intriguait. Jean en parlait sans tabou, il me racontait l'atmosphère qui régnait dans les bars, les types qu'il rencontrait. Un jour, j'ai laissé échapper, assez naïvement, que j'aimerais voir ça. Il m'a regardé, et il a dit : « D'accord. » Un soir, très tard, vers minuit ou minuit et quart, il est passé me chercher chez Daniel. *La Limite* était à quelques rues de là. On y est allés ensemble.

– Tu n'avais pas peur ? demande Cheryl.

– De quoi ?

– Que des mecs te draguent, tiens !

– Ça ne m'était même pas venu à l'esprit. Et pour Jean, tout ce que je risquais, c'était de me faire refouler à l'entrée. Je lance : « Je pourrais me déguiser en travelo ! » Il me répond : « T'es trop hétéro, personne n'y croira ! » Bref, il passe me prendre, et on remonte l'une des petites rues pavées jusqu'à la poterne qui cache l'entrée de la boîte. On frappe à la porte, une petite fenêtre s'ouvre et Jean dit :

« Bonsoir, nous sommes des amis de Peter. » J'entends un verrou tourner, et au même moment, je me sens tiré en arrière par des mains pas du tout amicales, je me retrouve par terre et deux types entreprennent de me défoncer la figure et les côtes avec leurs grosses godasses en criant : « Prends ça, pédale ! » Aussitôt, Jean saute sur l'un des deux et lui colle son poing dans l'estomac. L'autre, qui a une chaîne à la main, la fait tournoyer devant lui. Jean encaisse avec son bras, pendant que j'essaie désespérément de m'éloigner des pompes. J'entends des cris et un brouhaha sous la poterne ; une demi-douzaine de types baraqués apparaissent, gourdins au poing, et entourent nos agresseurs. L'échauffourée est brutale, mais brève. Les deux zèbres encaissent un certain nombre de mandales bien venues – « Tu voulais tâter du pédé, connard ? Eh bien, tâte ! » – avant de prendre leurs jambes à leur cou. Les malabars m'entourent, l'un d'eux me soulève comme si j'étais une plume. Il a une moustache et des muscles impressionnants. « On t'a jamais vu, toi... Quel baptême ! T'as mal où ? » Et il commence à me palper, plutôt gentiment, je dois dire, de haut en bas, quand Jean nous rejoint. « Gabriel, ils t'ont rien cassé ? » Je suis incapable de lui répondre, j'ai la sensation que tous mes os sont en miettes. Quand Jean leur explique que j'étais venu en visiteur, les costauds éclatent de rire. Mais Jean me regarde avec inquiétude. À la lueur du lampadaire, je ne dois pas avoir l'air très frais. Mon épaule et mes côtes me font mal, ma lèvre inférieure a triplé de volume et quelque chose me coule sur le visage. « Tu saignes, ils t'ont fait un trou dans les cheveux. Allez, on t'emmène te faire recoudre à l'hôpital. » Et les voilà qui me collent dans une mini Morris et me prennent sur leurs genoux. Je proteste doucement en disant que je n'ai pas besoin d'escorte, que je vais y aller avec Jean, mais trois des types insistent : « Qu'est-ce que ça voudrait dire qu'on te laisse partir tout seul, un hétéro qui se fait castagner à notre porte, celui qui te laisse tomber est une vraie tapette. » Je regarde Jean, qui me fait signe de m'incliner.

– De t'incliner ?

– Métaphoriquement. De les laisser s'occuper de moi. Ils se sentaient un peu coupables, alors qu'ils n'y étaient pour rien. Bref, quand on arrive à l'hosto, il est 1 heure et demie du matin, les urgences ont l'air tranquilles, on s'extirpe de la Morris, on entre, une aide-soignante vient à notre rencontre : « C'est vous qui avez appelé ? » On dit que non, on n'a pas prévenu. Elle dit qu'elle attend une ambulance avec deux blessés, elle pensait que c'était nous. Je me tourne vers Jean, je ne l'avais pas bien vu jusqu'ici, il a du sang sur le visage, une pommette tuméfiée et il tient son bras gauche immobile le long de son corps. « On est bien deux à soigner, en tout cas. » Elle nous fait tous entrer dans un box, me fait allonger sur la table d'examen, et sort appeler l'interne. Jean reste assis, ses trois copains m'entourent. Quelques secondes plus tard, les portes battantes de l'entrée claquent, j'entends des bruits de chariots, des clameurs, des gémissements. « On vous amène deux types qui se sont fait attaquer par un gang... Ils ont l'air mal en point. » Jean, ses potes et moi, on se regarde, ça serait trop drôle, on tire le rideau pour voir, eh oui, ce sont mes deux agressifs de tout à l'heure qui sont venus se faire rafistoler eux aussi. Ils ont des plaies au visage et aux mains, l'un des deux porte une longue estafilade au crâne et ils jouent les victimes sur leurs brancards. Mais dès qu'ils nous voient, ils sautent sur leurs pieds et, devant les soignants stupéfaits, se mettent en position de combat. Je vois venir le moment où la bagarre va reprendre quand brusquement une sorte d'ouragan s'interpose entre eux et nous. C'est un type grand mais voûté. Il a une barbe de trois jours, les cheveux hirsutes et sales et des yeux furieux derrière ses lunettes rondes. Sa blouse blanche est couverte de sang, il brandit un marteau à réflexes comme si c'était une massue et je l'entends dire d'une voix sourde : « Qu'est-ce que c'est que ce bordel ? » ou quelque chose d'approchant.

« Tout le monde est pétrifié. Le type ressemble à un évadé de l'asile, plus qu'à un médecin.

« – Le premier qui fait chier, je le recouds au fil à pêche.

« Personne ne comprend très bien ce que ça veut dire, mais ça jette un froid. Les skins reculent vers leurs brancards. Les copains de Jean baissent leur garde. Les brancardiers en profitent pour conduire les deux patibulaires à l'autre bout du couloir. “Qui est arrivé le premier ?” Une aide-soignante nous désigne. L'évadé empoche son marteau, se retourne vers moi, tend la main vers mon visage. J’ai un mouvement de recul mais d’une voix étonnamment douce, il me dit : “Aie pas peur, mon grand, je mords pas.” Il me prend par le menton, comme un père qui examine son enfant, écarte mes cheveux pour examiner ma blessure. “Bon, on va réparer ça.” Quand il voit Jean, il écarquille les yeux.

« – Qu’est-ce que tu fous là, toi ?

« – Salut, Bruno. Alors, t’es de garde, cette nuit ? »

17

Face-à-face (2)

Play, lieu-dit « La Fermette »

– Je n'en revenais pas d'avoir empêché tous ces mecs de se battre. Pendant quelques secondes, j'avais eu la trouille de ma vie, sûr qu'ils allaient me cogner dessus d'abord, et saccager le service ensuite, et puis non, ils s'étaient calmés d'un seul coup. L'autorité de la blouse blanche, sans doute... Enfin, toute cette agitation m'avait permis de me réveiller et j'en avais besoin. À eux quatre, ils totalisaient soixante-dix points de suture... L'un des deux skins avait le scalp fendu sur tout l'avant du crâne. Comme il avait beaucoup saigné, un énorme caillot masquait les dégâts. Il n'arrêtait pas de gigoter et de gueuler. Après l'avoir nettoyé, je lui ai tendu un miroir pour lui montrer quelle gueule ça avait, les os frontaux. Il a failli s'évanouir. Ensuite, il m'a laissé travailler. L'autre avait les deux arcades sourcilières en marmelade et une de ses oreilles avait triplé de volume. Mais ils avaient eu le temps de faire des dégâts avant d'en subir. Gabriel, avec son visage tuméfié de partout et sa démarche en zigzag, ressemblait plus que jamais à un grand chimpanzé. Ou peut-être à un poulpe. Pour lui recoudre le sommet du crâne, j'ai dû lui raser les cheveux sur dix centimètres de diamètre. Après tonsure, il pouvait directement entrer dans les ordres. Jean, lui, avait le poignet cassé. Son visage pâle était devenu polychrome, ses copains murmuraient : « Lui qui est si beau gosse, ils l'ont salement amoché, ces salauds... » Et je me disais que, décidément, la vie était pleine de surprises, il y a des jours où on a l'impression que rien ne se passe et d'autres où on en a plein son escarcelle et pas le temps de comprendre.

« ... J'ai fait radiographier tout ce petit monde, y compris l'un des copains bodybuildés de Jean, qui se plaignait d'une de ses paluches, mais personne d'autre n'avait rien de cassé. Comme les deux skins avaient pris des coups sur la tête, je leur ai dit qu'il valait mieux rester à l'hôpital pour la nuit, un hématome intracrânien est si vite arrivé, surtout quand on a bu – “combien ? Huit ou dix bières ? Ah, faudrait pas que vous me fassiez un trouble de la coagulation, il vaut mieux qu'on vous garde, surtout que vous habitez aux Cosmonautes, comme le quartier n'est pas folichon, les ambulances refusent d'y aller de nuit alors, si jamais vous nous faites une hémorragie interne, ce serait embêtant” – et c'est fou comme les pires brutes sont impressionnables quand on leur dit les choses avec sérieux, droit dans les yeux, juste après avoir secoué la tête d'un air songeur et essuyé ses lunettes de manière préoccupée, comme si on cherchait le moyen de leur annoncer avec ménagement une nouvelle apocalyptique. Je n'étais pas terroriste uniquement pour m'amuser, je voulais que ces types-là se tiennent tranquilles dans leur lit sans bouger pendant le reste de la nuit, le temps de dessoûler. Si je les relâchais, Dieu sait quelles conneries ils pourraient encore faire.

« ... J'ai laissé repartir Jean et Gabriel en leur donnant pour consigne d'aller tous les deux dormir rue Ambroise-Paré, je passerais les voir le lendemain matin, ils m'offriraient le petit-déjeuner. En réalité, je voulais avoir une excuse de prendre Charly au saut du lit. L'histoire de la petite dame qui était morte quelques heures plus tôt me préoccupait beaucoup, et je voulais lui en parler avant que le mari ne l'agresse dans un coin. Le type m'avait paru suffisamment désespéré et suffisamment en colère pour faire une connerie. Je l'avais convaincu de rentrer chez lui, mais je n'étais pas rassuré. Il avait vu sa femme mourir en quelques minutes trois jours après une intervention bénigne et, même si le refus de l'hospitaliser en gynécologie n'avait probablement rien changé, il avait le sentiment que la mort de sa femme en était la conséquence directe. »

– Pourquoi dites-vous que ça n'aurait peut-être rien changé ?

– Parce que, selon toute probabilité, elle était morte d'une embolie : un caillot s'était formé dans une veine et était allé obstruer une artère pulmonaire. Ce genre d'accident est imprévisible et souvent mortel. Et les urgences sont mieux équipées qu'un service de gynécologie pour y faire face...

Et puis, je voulais poser quelques questions à Charly au sujet de l'intervention qu'avait subie cette femme. Quelque chose ne collait pas. Après avoir renvoyé le mari chez lui, j'étais retourné voir le corps de la morte. Sous le pansement, la cicatrice du sein opéré était propre et n'avait pas suppuré. Mais à l'autre sein, juste dans le pli, elle portait une plaie minuscule, apparemment récente, comme on en voit après une piqûre ou un prélèvement à l'aiguille. Cette petite plaie, je ne l'avais pas remarquée quand j'avais examiné la patiente la veille. Ce sein n'avait rien, il n'y avait aucune raison qu'on y touche. Que lui avait-on fait ? J'espérais que Charly m'en apprendrait plus...

« ... Je ne sais pas si j'ai beaucoup dormi ensuite, je ne me rappelle pas s'il est encore arrivé des malades ou des blessés pendant les heures qui ont suivi, mais je me souviens d'avoir quitté le service dès l'arrivée de l'interne de jour et d'avoir foncé rue Ambroise-Paré. Je voulais coincer Charly avant qu'il ne s'en aille.

« ... Il sortait de la maison au moment où j'entrais dans le parc. Luciane le suivait à deux pas, il s'est retourné, l'a prise dans ses bras, l'a embrassée goulûment et est venu dans ma direction. Je devais avoir une gueule de cadavre. Il a commencé par me proposer d'aller prendre une douche mais je l'ai interrompu sèchement et je lui ai parlé de notre patiente morte. À mesure que je lui racontais l'histoire, je le voyais se décomposer. Livide, il a murmuré : “Je suis dans la merde. Avec elle, ça fait trois.”

18

Deux ou trois choses que je sais d'elle

Tourmens, palais de justice

– Veuillez décliner vos nom, prénom, date et lieu de naissance, adresse et profession.

– Ne soyez pas ridicule, vous les connaissez. Et je suis de la maison...

– Alors, vous connaissez la procédure. Je vous écoute...

(Soupir.)

– Germaine Calot, épouse Le Guern, née le 3 août 1943 à Clermont-Ferrand, domiciliée 6, avenue de la République à Tourmens, juge au tribunal d'instance de Tourmens.

– Je vous ai convoquée aujourd'hui dans le cadre de l'instruction sur la mort du professeur Goffin. Je crois savoir que vous vous trouviez à Paris avec madame Goffin la nuit du meurtre...

– C'est cela même. Nous sommes parties pour Paris le 6 février vers 10 heures du matin, et nous en sommes revenues ensemble le lendemain en fin de matinée.

– Qui conduisait ?

– Madame Goffin. Elle est passée me chercher avec sa voiture.

– Pouvez-vous me préciser vos emplois du temps, à madame Goffin et à vous-même, pendant les vingt-quatre heures qui ont suivi ?

– Bien sûr, d'ailleurs j'ai tout écrit sur ce document... Tenez.

– Merci, mais j'aimerais l'entendre de votre bouche...

– Je pensais que cela permettrait de gagner du temps. J'ai des audiences, ce matin...

– Vous ne les avez pas repoussées ? C'est regrettable. Voulez-vous prévenir que vous serez indisponible pendant... une heure environ ? Tenez, voici le téléphone.

– Une heure ? Mais...

– La procédure, chère madame, la procédure...

(Madame Le Guern prévient de son retard.)

– Reprenons. Donc, quel a été votre emploi du temps à toutes les deux ?

– Eh bien, en arrivant à Paris vers 13 heures, nous avons déjeuné dans un petit restaurant du Quartier latin qu'Alice connaît, puis nous nous sommes rendues *Au Bon Marché*...

– Quel était le but de cette journée ?

– Je marie mon fils en juin. Nous allions préparer la liste de mariage. Lorsque je lui en ai parlé, il y a quelques semaines, Alice Goffin m'a proposé de m'emmener. Elle avait prévu d'aller voir sa sœur ce jour-là, nous pouvions faire la route ensemble et passer la soirée à Paris avec elle. Comme je n'aime pas conduire dans Paris, j'ai profité de l'occasion...

– Vous êtes très intime avec madame Goffin ?

– Euh... que voulez-vous dire ?

– Est-ce que vous avez l'habitude de faire ce genre d'escapades ensemble ?

– Pour tout vous dire, c'était la première fois... Jusqu'à ces derniers mois nous nous connaissions peu et puis, un jour, j'ai eu affaire au professeur Goffin en tant qu'expert, c'est un homme remarquable, mon mari et moi l'avons invité à dîner avec sa femme, et Alice et moi avons immédiatement sympathisé. Depuis, nous nous voyons souvent, elle passe me prendre le midi au tribunal, nous allons déjeuner ensemble, nous avons appris à nous connaître. Et nous nous apprécions beaucoup !

– Quel genre de femme est madame Goffin ?

– Je... Je ne suis pas très heureuse de me trouver dans cette position. Je comprends la nécessité de l'instruction dans cette affaire, mais l'idée qu'Alice puisse être mêlée à l'assassinat de son mari est positivement absurde. Il n'y a qu'à regarder dans quel état sa mort l'a mise...

– Vous l'avez revue depuis l'assassinat ?

– Vous plaisantez ! Elle habite chez nous en attendant de déménager. Il n'est pas question qu'elle retourne habiter dans cet appartement.

– Je comprends parfaitement... Vous n'avez pas répondu à ma question...

– Laquelle ? Quel genre de femme est Alice ? C'est une femme adorable, très affectueuse, très amicale. Elle est un peu cyclothymique, je l'ai déjà vue changer du tout au tout en quelques heures, passer de la gaieté à la tristesse le temps d'un week-end

– je voulais lui présenter mon fils et sa fiancée, elle est venue nous voir un soir, elle allait très bien et le lendemain, quand je l'ai rappelée, elle était triste, distante, alors je suis allée la voir. Elle ne m'a pas expliqué pourquoi elle a ces phases de dépression... Elle souffre peut-être de ne pas avoir d'enfants... Mais elle est tout de même très fière de la carrière de son mari !

– Vous semblez suggérer que les deux choses sont liées...

– Eh bien, oui... Je ne sais pas exactement pourquoi ils n'en ont pas eu – je ne pense pas que ça soit un problème de stérilité, étant donné sa spécialité, ils auraient pu le résoudre sans peine –, mais j'ai cru comprendre qu'elle avait un jour décidé de ne pas en avoir afin de pouvoir se consacrer à lui.

– Le professeur Goffin ne voulait pas d'enfants ?

– Nous n'en avons jamais discuté, évidemment, mais je crois qu'il se consacrait entièrement à son travail... Des enfants, il en met au monde tous les jours !

– Oui, beau métier que le sien... Avez-vous jamais eu le sentiment que madame Goffin lui en voulait de ce choix ?

– Non ! Sûrement pas. Au contraire. Elle disait se sentir plus libre, plus indépendante. Beaucoup de femmes aujourd'hui savent qu'elles peuvent parfaitement exister sans être mères. Ça n'est pas mon avis, et je le respecte, mais je crois que tout de même il doit lui manquer quelque chose...

– Revenons à cette journée, si vous le voulez bien. Qu'avez-vous fait dans la soirée ?

– Eh bien, nous sommes arrivées chez Luciane, la sœur d'Alice, vers 19 heures.

– Elle était là ?

– Non, elle était sortie faire des courses, mais Alice avait un trousseau de clés. Luciane est rentrée une demi-heure plus tard, pendant qu'Alice prenait une douche.

– Vous avez dîné ensemble toutes les trois ?

– Non, car Luciane avait une migraine carabinée et elle est immédiatement allée se coucher. J'en étais désolée parce que je me faisais une joie de la rencontrer. Elle s'est excusée et Alice et moi sommes allées au cinéma.

– Elle ne préférait pas lui tenir compagnie ?

– Luciane a intimé à Alice l'ordre de sortir avec moi... et Alice m'a dit qu'elle obéissait toujours à sa grande sœur. Elles s'aiment beaucoup...

– Vous êtes donc sorties vers...

– Vers 20h30. Nous sommes d'abord allées dîner, puis au cinéma dans le quartier. À minuit, quand nous sommes rentrées, Alice est allée jeter un coup d'œil dans la chambre de sa sœur, qui dormait paisiblement. Elle se sentait soulagée.

– Vous n'avez donc revu la sœur de madame Goffin que le lendemain matin ?

– Je vois où vous voulez en venir... Elle n'a pas quitté l'appartement pendant notre absence, je l'ai vue pendant la nuit.

– Ah ?

– Oui, je suis insomniaque, et je lis jusqu'à 3 ou 4 heures du matin. Vers 3 heures, j'ai entendu du bruit et je me suis levée. Luciane était dans la cuisine, elle allait mieux, elle mangeait un yaourt. Nous avons bavardé. Elle m'a dit qu'Alice lui avait beaucoup parlé de moi, nous avons évoqué le mariage de mon fils... J'ai vraiment sympathisé avec elle, j'avais le sentiment de l'avoir toujours connue... Elle non plus n'a pas eu d'enfants...

– Est-elle mariée ?

– Elle l'était, mais je crois que son mari est décédé il y a plusieurs années. J'ai posé la question à Alice, un jour, mais elle m'a dit qu'elle ne pouvait pas en parler, que c'était une histoire très douloureuse. Je crois qu'il est mort jeune, d'une grave maladie.

– Vraiment ?

(Silence, bruit de papiers froissés.)

– À quelle heure êtes-vous reparties le lendemain ?

– Vers 9h30. Moi qui ne dors que d'un œil, il a fallu qu'Alice vienne me réveiller. Luciane était debout, elle aussi, et j'ai été très surprise de voir qu'elles ne se ressemblent pas autant que sur les photos qu'Alice m'avait montrées. Quand on les voit l'une à côté de l'autre, on les différencie immédiatement... Alice est un peu plus mince que sa sœur. Oh, ça se voit à peine ! La veille, ça ne m'avait pas frappée...

– Vous m'avez l'air pourtant d'être une femme très observatrice...

– Je le suis, effectivement ! Je ne crois pas que je pourrais m'occuper de dossiers aussi délicats que ceux qu'on me confie si je n'avais pas un excellent sens de l'observation et de réelles qualités psychologiques...

– Elles ont dû être mises à rude épreuve quand madame Goffin a appris la nouvelle du décès de son mari... Dans la voiture...

– Oui, oh mon Dieu ! quand j'y pense, c'est un peu ma faute, nous avions papoté pendant un moment et puis il y a eu un silence et, machinalement, j'ai allumé la radio. Je m'en veux de lui avoir donné cela à entendre...

– Cela lui aura évité le choc de l'apprendre à son retour... Et puis, vous étiez avec elle, votre présence a dû la réconforter.

– Vous savez, j'étais moi-même extrêmement choquée, nous avons décidé de nous arrêter sur une aire de repos, nous avons cherché un téléphone...

– Vous n'aviez pas de téléphone portable ?

– Je n'en ai pas et Alice avait oublié le sien chez elle... Finalement, comme nous ne savions pas qui appeler, nous avons repris nos esprits et décidé de rentrer au plus vite...

– Madame Goffin vous a déposée chez vous avant de se rendre à son domicile...

– Oui... Et pourtant, j'avais insisté pour rester avec elle, je pensais qu'il fallait qu'elle soit soutenue... Mais elle a fait preuve d'un courage... étonnant. Elle a préféré affronter cela seule. Elle m'a demandé si je pouvais l'héberger quelque temps, j'ai accepté, bien entendu...

– Bien entendu. Une dernière question. Madame

Goffin a-t-elle jamais mentionné qu'on puisse vouloir du mal à son mari ?

– Non, grands dieux ! Il était unanimement respecté et admiré. Je ne vois vraiment pas qui a pu faire une chose pareille, ni pourquoi.

– Eh bien, je crois que nous en avons fini... En tout cas, pour aujourd'hui...

– Vous voulez dire que...

– Qu'il n'est pas impossible que je fasse de nouveau appel à vous, madame. La procédure, n'est-ce pas...

19

La mort en ce jardin

(Sur un vieux cahier de Gabriel)

L'été 79 a été le plus beau et le pire de ma vie. Je m'étais fait tabasser, et tout le monde me bichonnait. À commencer par Alice, qui d'un seul coup commençait à me trouver moins gamin (une ou deux fois, elle m'avait fait quelques remarques de cet ordre, du genre : « Tu baises très, très bien mais je me demande si tu n'es pas quand même un peu jeune pour moi... », une ou deux fois seulement, juste le temps de me déboutonner). J'étais escagassé, mais elle me le faisait oublier dans les grandes largeurs. J'étais devenu une sorte de héros, j'en étais à la fois étonné et fier, et ça faisait rigoler Daniel, à qui Jean était allé expliquer pourquoi il ne me voyait plus et il en avait profité pour lui raconter toute l'histoire. Ça faisait aussi rigoler Jean, Charly et Luciane, et même le taciturne Bruno qu'on a vu un peu plus après ce soir-là. On passait des soirées tous ensemble dans le parc de la rue Ambroise-Paré ou, s'il avait beaucoup plu, devant la vieille cheminée pleine à craquer de bois humide qui enfumait la pièce. J'étais heureux, j'écoutais Charly raconter les quatre cents coups qu'ils avaient faits adolescent avec Jean, j'écarquillais les yeux en écoutant Charly nous mystifier avec des énigmes stupides du genre : « Deux Russes ont un frère. Quand ce frère meurt, on apprend qu'il n'avait pas de frère. Comment est-ce possible ? » ou « Monsieur Kafka aperçoit monsieur Freud de l'autre côté de la rue. Il se dit : "Monsieur Freud ne s'est pas brossé les dents ce matin." Pourquoi ? » et j'éclatais de rire en entendant Jean et Bruno faire « Mmmhh » en même temps. Les filles protestaient en disant que ce « Mmmhh » c'était le tic de Charly. Moi, je demandais à Charly d'où ça venait, il expliquait qu'en Angleterre, dans les écoles de médecine, on organisait des séminaires spéciaux rien que pour apprendre à le faire et que, depuis que Jean et Bruno l'avaient adopté, il avait rempli sa mission éducative, alors, lui, il ne le faisait plus... On riait, on rêvait et on refaisait le monde. Un monde sans militaires pour moi, sans mandarins pour Charly et Bruno, sans flics et sans juges à la solde des bonnes mœurs pour Jean, sans famine et sans maladie pour Luciane et Alice, et on le rebâtissait tous ensemble, sans souffrance et sans argent.

Et on riait encore et de plus belle. Nous étions jeunes, innocents et heureux, et je ne pensais à rien, je me foutais de tout, j'étais un petit roi et je serrais une reine dans mes bras.

Et puis, brusquement, tout s'est écroulé.

Je n'allais plus beaucoup bosser chez Daniel, Alice et Luciane m'avaient fait embaucher comme coursier-livreur-homme à tout faire par la librairie universitaire où elles travaillaient. Je ne gagnais pas des mille et des cents, mais assez pour ne pas être à la charge d'Alice, pour lui offrir de temps à autre le cinéma, un disque, n'importe quoi. Elle n'avait plus l'air de se soucier de mon âge. Elle n'avait, après tout, que six ans de plus que moi... J'étais un môme, et j'envisageais sérieusement de vivre le reste de ma vie avec elle, parce que je ne savais pas que ma vie n'avait pas commencé.

Quand on a vingt ans à peine, on sait bien qu'on ne vivra pas éternellement, mais on n'y croit pas. Et surtout, on n'imagine pas que ceux qu'on aime puissent mourir. Une nuit, j'ai cru mourir, parce que j'ai cru qu'Alice allait mourir.

La première nuit que nous avions passée ensemble, elle m'avait déshabillé, allongé et regardé avec un sourire malin. Après, seulement, elle s'était glissée nue près de moi. Elle avait les hanches larges, le corps maigre et les côtes saillantes des femmes qui ne mangent pas parce que la vie n'a pas de goût, mais ses seins étaient pleins et lourds, si lourds de trop d'amours, comme dans la chanson. Des seins hypersensibles, que j'osais à peine toucher les premières fois que j'ai fait l'amour avec elle. Et puis, au fil des semaines, elle a changé ; son corps a changé. Elle parlait beaucoup plus qu'avant, elle mangeait comme quatre, elle riait à tue-tête et, quand Luciane s'y mettait aussi, on ne les distinguait plus, les deux rires s'élevaient comme un seul, et, nous regardions ces deux femmes rire aux larmes comme si elles n'avaient fait qu'une. J'étais impressionné par cette transformation et je disais à Luciane : « Elle te ressemble de plus en plus. » Et Luciane me répondait : C'est parce qu'elle est aimée » et me serrait dans ses bras comme si je lui avais fait un cadeau.

C'est après un soir comme ça, un soir de joie commencé dans le parc et terminé au lit, que je l'ai découverte. Après l'amour, elle me tournait le dos, se collait contre mon ventre, se lovait entre mes bras. Et moi, je posais ma grande paluche sur ses seins, que j'avais apprivoisés en apprenant à les aimer et qui ne lui faisaient plus mal quand je les embrassais, quand je les prenais dans mes mains. Mais cette nuit-là, ce n'est pas l'amour que j'ai tenu dans mes mains, c'est la mort.

Sous ma main, dans le sein gauche d'Alice, il y avait une boule dure, grosse comme un noyau de pêche. J'ai sursauté, j'ai voulu retirer ma main, mais elle l'a retenue, elle a posé un baiser sur ma paume et elle s'est retournée. Elle a pris mon visage entre ses mains, elle m'a embrassé.

– Tu l'as sentie...

Elle s'est mise à pleurer.

– C'est bête, hein... On était si heureux...

– Qu'est-ce que c'est ?

– C'est un cancer.

Je me suis assis sur le lit en criant.

– Depuis quand as-tu ça ?

– Depuis des mois, sans doute. Mais je l'ai su seulement... le matin où je t'ai rencontré.

– Et tu n'as rien dit ? Tu n'as rien fait ?

Elle s'est assise à son tour et elle a longuement passé la main dans mes cheveux.

J'essaie de me souvenir de ce qu'elle a dit, parce que je n'ai pas compris alors, et je ne comprends toujours pas.

– Je l'ai sentie un matin, et tout de suite j'ai su ce que c'était. Je suis allée voir un collègue de Charly, à l'hôpital. Il m'a fait un prélèvement et quelques jours après il m'a appelée pour me dire de passer le voir. Il m'a parlé d'intervention, de chimiothérapie, de rayons. Ça ne m'a pas surprise, je m'étais préparée à ça. Mais j'ai tout refusé. Il a essayé de me convaincre, mais je savais ce que je ne voulais pas. Il m'a proposé de prendre au moins un traitement expérimental, un genre d'hormone en comprimés, pour que ça ne grossisse pas trop vite. J'ai dit oui, parce que j'avais quand même peur... Mais je n'en ai parlé à personne, pas même à Luciane. Je me suis dit : « Ma vie est bientôt finie, je n'ai pas envie de voir pleurer tout le monde autour de moi. » Je voulais continuer à voir Luciane heureuse, même si elle est heureuse sans moi. Et puis je t'ai rencontré et c'était comme un cadeau d'adieu que me faisait la vie...

Elle a ri doucement et elle a murmuré : « Mon Dieu, comme j'aime faire l'amour avec toi... Mais maintenant, c'est fini. »

– Qu'est-ce qui est fini ?

– Maintenant que tu le sais, il faut que j'aille me faire soigner...

– Bien sûr qu'il faut te soigner ! Je ne veux pas que... que tu...

– Que je meure ? Je sais bien. Mais le jour où je commencerai mon traitement, je ne veux plus te voir.

– Comment ça ? Qu'est-ce que tu racontes ?

– Réfléchis, Gabriel. Tu as dix-neuf ans et la vie devant toi. Moi, j'en ai vingt-cinq, mais dans six mois, un an, deux peut-être, je serai morte. Et bientôt, bien avant ça, je ne serai plus très belle à voir. Je ne veux pas t'imposer ça. Je ne veux pas m'imposer ça. Je ne veux pas me sentir devenir un cadavre chaque fois que tu poseras les yeux sur moi.

Je tremblais de tous mes membres, je ne comprenais rien, et j'ai voulu parler, mais elle a posé ses doigts, puis sa bouche, sur mes lèvres et elle m'a fait taire, et elle m'a recouvert de son corps et elle m'a fait l'amour comme si c'était la dernière fois, parce que ça l'était.

20

Docteur M.

Play, lieu-dit « La Fermette »

Charly était assis, prostré, sur une des chaises de leur salon. Luciane s'est agenouillée près de lui. J'ai cessé de tourner comme un lion en cage et je me suis assis dans le fauteuil défoncé, juste en face.

– Raconte-nous.

– Il n'y a pas grand-chose à raconter...

– Pourquoi ces femmes sont-elles mortes ? Qu'est-ce qui s'est passé ?

Il a poussé un long soupir.

– Kalanian a entrepris une expérimentation sauvage. Il voulait tester la tolérance d'un médicament pour traiter les cancers du sein : un vecteur structurellement proche des hormones féminines, qui se lie exclusivement aux cellules cancéreuses et bloque leur multiplication, ce qui permet à l'organisme de les éliminer. La substance pourrait ainsi soigner les métastases. Car, des métastases, il y en a toujours, de taille microscopique, longtemps avant que la tumeur soit découverte. Une fois injecté dans le sang, le vecteur hormonal devrait « retrouver » les cellules cancéreuses, où qu'elles soient, les bloquer et les détruire. C'est une invention que Kalanian a mise au point lui-même, avec un ami biochimiste. Il n'a pas d'autorisation pour la tester parce que le procédé est révolutionnaire, et il ne voulait pas confier le brevet à des chercheurs du privé, parce qu'il craint que la substance ne soit ensuite confisquée par une firme pharmaceutique. Une fois le procédé au point, il voulait offrir le brevet du vecteur à l'OMS, qui en aurait déposé la formule. Tous les laboratoires au monde auraient pu le fabriquer à bas prix, même dans les pays les moins riches, car les substances à partir desquelles il a élaboré son vecteur sont faciles à synthétiser.

– Et qu'est-ce que tu as à voir là-dedans ?

– Il y a six mois, il a réuni les chefs de clinique du service et leur a parlé de l'expérimentation. Comme il y avait des risques, il ne pouvait pas la lancer sans leur accord. Deux des trois ont accepté, mais Goffin, dans le secteur de qui je travaille, a refusé. Il ne voulait pas se mouiller, il ne voulait pas prendre de risques... et je crois qu'il ne voulait pas aider Kalanian parce que ça l'emmerdait de voir quelqu'un faire quelque chose pour rien, sans désir d'en tirer du profit ou du pouvoir... Les internes n'étaient pas au courant, mais Kalanian a demandé à me voir. Il était important que l'essai porte sur un nombre suffisant de femmes. Sans le secteur de Goffin, ça allait prendre des mois : c'est de plus en plus souvent à lui qu'on adresse toutes les femmes qui ont des tumeurs du sein, bénignes ou malignes. Comme ça fait déjà deux ans que je suis dans le service et que tout le monde me fait confiance, Goffin me fout à peu près la paix. Alors Kalanian m'a demandé si je voulais l'aider à expérimenter le vecteur... D'abord, je n'étais pas très chaud. Il fallait le faire dans le dos de Goffin, et surtout sans le dire aux patientes. Et puis je me suis dit : « Merde, ce connard ne va tout de même pas bloquer un brave type comme Kalanian ! »

– Qu'est-ce qu'il fallait faire ?

– Rien de dangereux... enfin, on le pensait. Kalanian voulait qu'on injecte le vecteur dans la perfusion des femmes qui entraient pour une intervention bénigne... l'ablation d'un kyste, par exemple, pour mesurer sa concentration dans le sang, dans la pièce opératoire et aussi dans l'autre sein. C'était une expérimentation simple, les femmes étaient opérées de toute façon, et on leur faisait seulement une ponction à l'aiguille dans le sein indemne.

– La trace de piqûre, c'était ça ?

– Oui...

– Et comment as-tu fait pour que Goffin ne s'en rende pas compte ? Tu l'aidais dans ses interventions, mais tu m'as dit qu'il ne te laissait jamais opérer seul.

– C'est vrai, alors je rusais. J'injectais le vecteur dans la perf la veille, et je faisais la ponction à l'aiguille juste avant ou juste après l'intervention, en l'absence de Goffin... Tout se passait bien, je l'ai fait une dizaine de fois... Et puis...

– Et puis, ça a mal tourné ? Qu'est-ce qui s'est passé ?

– Il y a cinq semaines, deux patientes se sont mises à saigner le jour de leur sortie et ont été réhospitalisées en urgence. Toutes les deux avaient reçu le vecteur... mais je n'ai pas fait le rapprochement. La semaine dernière, une patiente est morte dans chacune des deux autres sections. La première d'une hémorragie. La seconde d'une embolie. Elles aussi avaient reçu le vecteur. Les chefs de clinique ont cessé immédiatement l'expérimentation vendredi dernier en pensant à juste titre que le vecteur devait entraîner des troubles de la coagulation, mais ils n'ont prévenu Kalanian que le mercredi suivant, parce qu'il était en voyage. La patiente qui vient de mourir, je lui avais injecté le vecteur trois jours avant...

– Ils ne t'ont pas mis au courant ?

– Ils ne savaient pas que j'étais dans le coup. Kalanian ne le leur avait pas dit... Et quand il m'a averti, il était trop tard, elle était morte...

Luciane retient ses larmes à grand-peine. Elle secoue la tête, désespérée. Charly s'enfonce encore plus sur son siège. Je prends ma tête entre mes mains, je me lève et je me mets à gueuler :

– Oh, Charly, Charly ! Comment as-tu pu te foutre dans une merde pareille ? Ce n'étaient pas tes oignons, merde ! Si Kalanian avait envie de jouer avec la vie des gens, il pouvait le faire sans toi ! C'était immoral de te le demander, et c'était immoral d'accepter !

– Arrête de jouer les donneurs de leçons, putain !

Kalanian est un type honnête, il a fait ça parce qu'il en a marre que la recherche soit confisquée par les gens qui ont du fric et du pouvoir. Il en a marre de voir des médicaments vendus à prix d'or dans les pays riches et impossibles à obtenir dans les pays pauvres. Et je suis d'accord avec lui. Il fallait le tenter. Et je ne voulais pas que ce connard de Goffin lui foute des bâtons dans les roues. Si Kalanian avait attendu, il aurait atteint l'âge de la retraite, et Goffin ou un autre aurait enterré le projet. Il fallait le faire maintenant ou jamais ! Si ça avait marché...

J'avais envie de dire que ça n'avait pas marché parce que ça ne pouvait pas marcher, que ces femmes n'avaient rien demandé, et qu'elles étaient mortes pour rien... Mais je me suis tu. Qu'est-ce que j'avais à dire ? Je connaissais Charly. Je connaissais son idéalisme, sa loyauté à l'égard des gens qu'il respectait, son désir de sauver l'humanité.. et sa foutue confiance en lui-même. Tout ce qui faisait de lui un ami merveilleux et fiable et un bon soignant n'avait pas réussi à contrecarrer sa foutue confiance en lui-même... et sa haine de Goffin. Charly avait voulu montrer qu'il était un meilleur soignant que lui, et il avait prouvé le contraire.

21

Vidéodrome

Tourmens, palais de justice

– Est-ce que vous regardez la télévision, monsieur Watteau ?

– Pourquoi me demandez-vous ça, madame Basileu ?

– Parce que... moi, je la regarde beaucoup. Surtout depuis qu'il y a le câble... Je regarde tous les feuilletons policiers... américains.

– Vraiment ?

– Oui, les feuilletons français sont vraiment indigents. Vous n'en regardez jamais ?

– Non... Vous les trouvez plus mal faits que les feuilletons étrangers ?

– Ce n'est pas ça, je sais bien qu'il ne faut pas comparer, les Américains ont beaucoup plus d'argent que nous, mais je ne sais pas comment vous dire... Avant que j'aie le câble... c'est mon fils qui a insisté parce qu'il y a des chaînes de dessins animés, et des films, et j'ai les moyens, alors j'ai fini par céder et, du coup, j'en profite... Mais avant, je regardais les séries du vendredi, vous savez, *Palais de Justice*, *Police nationale*, *Inspecteur Nougaro*...

– *Josy Lascaux* ?

– Ah, vous en connaissez une ou deux, quand même...

– Celle-là, ma mère la regarde dans son lit. Ça l'aide à s'endormir...

– Exactement ! Qu'est-ce que c'est emmerdant ! Et le plus curieux, c'est que je trouvais déjà ça très emmerdant avant d'avoir le câble, mais je n'étais pas capable de dire pourquoi... et je n'arrivais pas à m'empêcher de les regarder.

– Expliquez-moi ça...

– Les histoires policières, c'est comme les séries médicales, on ne peut pas s'empêcher de les regarder, parce que ça parle de nous.

– Que voulez-vous dire ?

– Bon, c'est plus évident pour les séries médicales, parce qu'il arrive à tout le monde d'être malade, mais les séries policières, au fond, c'est la même chose. Même si tout le monde ne devient pas un assassin, un voleur ou un violeur, tout le monde a peur de voir ses enfants assassinés, ou de se faire attaquer dans la rue... Et je ne connais personne qui n'ait pas eu envie, au moins une fois, de tuer quelqu'un... Ça commence dans l'enfance ou à l'adolescence, on peut en vouloir tellement à quelqu'un qui nous a fait du mal qu'on imagine la manière dont on pourra le faire souffrir ou le faire mourir à petit feu, et c'est même drôle d'imaginer le crime parfait, vous voyez, le crime qu'on commettrait pour se débarrasser de notre pire ennemi sans être jamais pris. Quand j'étais au lycée, je ne travaillais pas beaucoup, je lisais Agatha Christie, John Dickson Carr, Dorothy Sayers, et j'adorais ça. Ce qui m'amusait le plus, ça n'était pas de découvrir qui était l'assassin, mais la manière dont il s'y était pris. Et je me mettais à imaginer comment j'aurais fait, moi, pour ne pas me faire prendre... Parce que évidemment, en dehors de *Dix Petits Nègres*, l'assassin se fait toujours prendre. Et encore, dans celui-là, il s'inflige à lui-même sa propre punition... Je ne vous ennuie pas, avec mes réflexions ?

– Non, pas du tout, madame Basileu, continuez...

– Bref, tout ça pour dire que les assassinats, les viols, les escroqueries, on sait très bien ce que c'est, même si on ne les pratique pas tous les jours, parce qu'on n'arrête pas d'y penser, on n'arrête pas d'en imaginer, ça touche notre imaginaire le plus secret, et c'est ça qui nous fait frissonner... Alors, quand il passe un film ou un feuilleton policier, on le regarde, même si ça n'est pas terrible, parce qu'on espère toujours qu'on va y trouver quelque chose, un personnage, une anecdote, une image qui va chatouiller la zone où on cache nos petits crimes parfaits à nous, et nous donner le frisson... Mais depuis que j'ai le câble, je regarde des feuilletons américains, et ça m'a permis de comprendre que si les feuilletons français sont si emmerdants, c'est parce qu'ils ne parlent pas vraiment de la vie des gens. Ils se contentent de toujours ressortir les mêmes recettes ou de copier bêtement les faits divers. Mais les personnages sont creux. Moi qui suis greffière depuis douze ans, je sais bien que, dans la vie, les gens sont drôlement plus intéressants et surprenants que dans les feuilletons français. Ça me paraît toujours plat à côté de ce que je vois ici, tous les jours avec vous... Des fois, je me dis que je devrais l'écrire, tiens... Mais ça n'est pas à ça que je veux en venir...

– Je suis tout ouïe...

– Ça fait un an maintenant que je regarde régulièrement *Manhattan Blues, Crimes à Baltimore* et *La Loi de New York*. Et ce qui m'épate, c'est que je sais que tous les gens qu'on y voit sont des acteurs, mais à chaque fois, j'ai l'impression de voir des gens qui existent, avec des histoires vraies qui m'émeuvent jusqu'aux larmes. Et vous savez pourquoi ?

– Parce que c'est mieux joué ?

– Oui, mais pour bien jouer, il faut avoir un bon texte à jouer, un texte émouvant. Et ce qui rend les histoires émouvantes, c'est que les sentiments des personnages sont vrais, aussi bien ceux des policiers que ceux des criminels ou des familles de victimes. Quand vous regardez *Josy Lascaux,* vous avez le sentiment que les assassins en série courent les rues, en France, et que la police passe son temps à mettre des barrages et à tirer sur tout ce qui bouge. Quand vous regardez *Crimes à Baltimore* ou *La Loi de New York*, vous voyez des gens comme tout le monde, qui tuent parfois bêtement, sans réfléchir, pour une poignée de dollars, pour un stylo-bille, ou qui étouffent leur bébé parce qu'il hurle, comme on le voit nous aussi, tous les jours. Et ce qui m'intéresse, je le vois bien, ce ne sont pas les crimes, c'est ce qui a conduit les gens à tuer. Leur mobile, c'est souvent un sentiment très fruste, très primaire : la peur, la colère, la jalousie, le désespoir...

– La haine...

– Oui, la haine.

– Où voulez-vous en venir, madame Basileu ?

– Ce n'est pas de ma compétence, évidemment, mais je vois bien que l'affaire Goffin vous préoccupe beaucoup et que vous tournez un peu en rond...

– Tiens ! À quoi avez-vous vu ça ?

– Vous n'avez pas encore convoqué madame Goffin...

– Elle a déjà été entendue par le juge Bone et l'inspecteur Benamou...

– Oui, mais vous n'avez pas relu les dépositions.

– Comment le savez-vous ?

– Oh, monsieur Watteau, je travaille avec vous depuis trois ans, je sais si vous avez ouvert un dossier ou non !

– Oui...

– Alors, je n'ai pas du tout l'intention de vous tirer les vers du nez, mais je voulais vous dire que cette histoire me fait beaucoup penser à un épisode de *La Loi de New York* que j'ai vu, il y a longtemps, mais dont je me souviens très bien, parce qu'il m'avait beaucoup impressionnée. L'enquêteur se doute un peu de l'identité de l'assassin, mais ce qui le préoccupe, c'est qu'il ne comprend pas de quelle manière il a pu commettre un crime qu'il trouve révoltant... jusqu'au moment où il réalise que, s'il parvient à imaginer dans quel état d'esprit se trouvait l'assassin, la solution lui apparaîtra... Bon, vous n'avez pas le temps que je vous raconte ça en détail, mais si ça vous intéresse, je pourrai vous prêter la cassette de l'épisode.

– Pourquoi pas...

– Je pensais bien que vous diriez ça, alors je l'ai apportée. La voilà !

22

Un crime dans la tête

Play, lieu-dit « La Fermette »

Bruno Sachs se tourne vers la fenêtre. Pauline Kasser s'approche et pose une main sur son épaule.

– Que s'est-il passé, ensuite ?

– Ensuite... Ensuite tout est allé très vite. Le mari de la dernière patiente décédée est revenu me voir à plusieurs reprises pour me demander si je savais pourquoi elle était morte. Je n'ai pas eu le courage de lui répondre et je lui ai dit que je l'ignorais. Moi qui m'étais juré de ne jamais faire passer ma loyauté envers mes confrères avant ma loyauté envers mes patients, je me suis entendu mentir à un patient alors que je connaissais la vérité. Je savais que Charly la dirait, cette vérité, et je ne suis pas un délateur, mais je m'en suis voulu et je m'en veux encore... C'est pour ça que, depuis, je ne fréquente plus beaucoup les médecins... J'ai peur d'apprendre de leur bouche des choses que je ne veux pas savoir et que j'aurais horreur de ne pas pouvoir révéler... Les deux chefs de clinique ont fait le forcing pour que Kalanian ne dise rien, et ont intimé l'ordre à Charly de se taire. Mais le mari de sa patiente retournait sans cesse le voir pour l'interroger. Un soir, Charly a fini par tout lui avouer et, le lendemain, l'homme est allé porter plainte.

« ... Si ça se passait aujourd'hui, on en parlerait dans tous les journaux. Mais Kalanian était une sommité nationale, on était en 1979, la lutte contre le cancer était une priorité symbolique dans l'esprit de tout le monde, l'affaire a été étouffée. Comme l'expérimentation n'avait pas laissé de traces, il était facile de classer la plainte faute d'éléments probants. Kalanian a pris une retraite anticipée et les deux chefs de clinique ont discrètement changé de ville. Ils avaient déjà bien préparé leur sortie. »

– Et Charly ?

– Charly... Charly était un idéaliste qui allait jusqu'au bout, même et surtout quand il commettait des erreurs. Il était prêt à se sacrifier pour expier la mort de cette femme, mais quand il a compris que l'affaire en resterait là, il s'est révolté, il a voulu alerter tout le monde, il est allé parler à tous les journalistes possibles et imaginables. Seulement, le mur du silence était trop solide. Les chefs de clinique avaient effacé toute trace de l'expérimentation ; Kalanian était déjà brisé par cette histoire, il était incapable d'aller se confesser publiquement et, de toute manière, son entourage ne l'aurait sûrement pas laissé faire. Aucun journaliste n'a voulu croire cette histoire. Ça se passait avant le sida, avant l'affaire du sang contaminé. Les médecins dînent depuis toujours avec les juges, ils épousent leurs filles ou leurs sœurs et, avant 1981, ils monopolisaient l'Assemblée nationale depuis un siècle. Il y a vingt ans, c'étaient encore des vaches sacrées. Personne n'avait envie de les prendre pour cibles...

Un rire sec s'échappe de la bouche de Bruno.

– Charly aimait dire que seule la vérité est révolutionnaire... Encore faut-il qu'on la croie. Sa vérité, personne ne l'a crue, alors...

– Alors ?

– Alors, il a fait la seule chose qui lui paraissait juste, en l'occurrence : à défaut de pouvoir réparer sa faute et de faire éclater la vérité, il s'est puni lui-même. Il a démissionné de son poste d'interne, il a cessé de travailler, il n'a pas voulu passer sa thèse et devenir docteur en médecine. Il s'est laissé sombrer. Et puis, au bout de plusieurs mois passés à se débattre, un beau jour, sans crier gare, il est allé virer tout l'argent de son compte en banque sur celui de Luciane, il a pris une chambre dans un hôtel miteux et, un mardi d'octobre, il s'est pendu.

23

Les enchaînés

Paris, rue Popincourt

– Je ne supportais pas ce qu'Alice m'imposait. Elle ne voulait plus faire l'amour avec moi, soit ! Mais je ne la lâcherais pas. J'ai parlementé avec elle pendant tout le reste de la nuit pour la convaincre de parler à sa sœur, à Jean, à Charly. De ne pas rester dans le silence. Elle devait nous laisser la soutenir. J'ai fini par la convaincre, je ne sais comment. Au matin, nous avons descendu l'escalier pour parler à Charly et à Luciane. Ils étaient dans leur pièce à vivre, la porte était entrouverte. Nous avons entendu la voix de Bruno Sachs, puis celle de Charly... et nous avons su, tous les deux, qu'il n'était plus possible de dire quoi que ce soit...

« ... À partir de ce jour-là, tout le monde a commencé à changer. Charly, qui aimait tant Luciane, s'est peu à peu comporté avec elle comme un étranger. Il a cessé de lui parler. Il a cessé de la toucher. Il n'était plus là, il n'était plus nulle part. Il restait prostré et silencieux ou vibrait de colère et de rage. Il n'allait plus à l'hôpital. Il restait là, assis, sans rien dire, sans plus rien vouloir faire. Jean a essayé de le soutenir, de le secouer, mais Charly s'est mis à l'insulter, à le traiter de pédé, de grand bourgeois oisif, de parasite, jusqu'à ce qu'il n'en puisse plus et décide de retourner vivre au château avec sa mère. Alice, elle aussi, a pris ses distances. Elle a quitté la librairie, trouvé un boulot à temps partiel, est partie s'installer dans un meublé. Désespérée par l'état de Charly, Luciane ne s'est même pas rendu compte que Jean et sa sœur s'éloignaient... Elle avait peur pour son homme. Elle le connaissait. Elle le surveillait de près. Elle se doutait qu'il ne pourrait pas vivre éternellement avec cette culpabilité. J'avais souvent entendu Charly raconter que, quand on veut mourir, on y parvient toujours. C'est une question de temps, de patience, de moment opportun. Charly était patient, il voulait en finir, et Luciane ne pouvait pas le surveiller sans arrêt...

« ... C'est Jean qu'on a appelé. Charly ne voulait pas qu'on le cherche pendant des heures, alors il avait pris une chambre à midi en demandant à la femme de chambre de venir le réveiller à 17 heures, qu'il avait le sommeil lourd, qu'il faudrait sûrement entrer et le secouer. Il avait laissé sur le lit le nom et le numéro de la personne à prévenir. Jean est allé à la morgue pour reconnaître le corps, puis il est venu nous apprendre la nouvelle...

« ... Charly avait demandé à être incinéré. Au crématorium, il n'y avait que Luciane, Alice et moi Jean s'était occupé de tout, mais il n'avait pas voulu venir et Bruno Sachs était coincé par un remplacement quelque part à quarante kilomètres de là. De toute manière, je pense qu'il n'avait aucune envie de venir. Luciane a tenu à disperser les cendres dans la Tourmente. Après, elle a aussi jeté l'urne dans la rivière. Sa sœur lui a pris le bras, elles m'ont souri une dernière fois, et elles sont sorties de ma vie ensemble... »

– Tu veux dire que tu ne les as plus jamais revues ?

– J'ai revu Luciane à la librairie, brièvement. Je n'y bossais plus, je passais la voir de temps en temps, mais je ne savais pas quoi lui dire. Je n'étais rien pour elle, rien que l'ex-jeune amant d'Alice. J'avais passé des mois à la regarder vivre avec Charly, à boire leurs paroles et leurs rires, mais je ne faisais pas vraiment partie de son univers, même si sa sœur m'avait peut-être aimé.

– Peut-être ? Tu crois qu'Alice ne t'aimait pas vraiment ?

– Je ne sais pas. Ça fait longtemps. J'ai oublié.

– Et tu n'as pas voulu savoir ce qu'elle devenait ?

– Si, bien sûr, mais comment ? Elle ne voulait pas me parler quand je l'appelais, elle me mettait gentiment dehors quand j'allais la voir, et je ne pouvais pas poser de questions à sa sœur ou aller interroger son médecin ! J'étais malheureux et impuissant, hors du coup. Ma frustration s'est changée en colère, je suis rentré à Paris, je me suis joint à d'autres types qui en avaient marre de voir des fascistes de merde prospérer à tous les coins de rue et, comme les mômes qui cherchent les emmerdes parce qu'ils en ont marre d'avoir des choses à dire et personne pour les entendre, j'ai participé à l'attaque d'une librairie d'extrême droite...

– Ouais, c'est pas ce que t'as fait de plus intelligent...

– Non. Mais c'est tout ce que je pouvais faire pour souffrir moins. Après... (il se met à rire doucement) les bataillons disciplinaires m'ont éduqué. J'ai appris à être moins romantique...

Brusquement, Gabriel s'approche de Cheryl, lui empoigne la nuque et lui roule un patin, un de ces patins beaufs qu'elle n'aime pas, en lui fourrant dans la bouche une langue dure et longue. Surprise, elle se laisse faire puis le repousse. Il la lâche presque aussitôt et son visage devient dur et cynique.

– ... Et j'ai fini par comprendre que les femmes sont incompréhensibles, alors qu'il ne faut pas chercher à vivre avec elles...

– T'as compris ça à l'armée, en parlant des femmes autour d'un pack de Kro ?

– Non, dit Gabriel. J'ai compris ça en lisant le journal trois ans après mon départ de Tourmens. On y parlait d'un nouveau traitement par hormones qui, associé à la chirurgie, permettait un fort taux de guérison du cancer du sein. Le médecin qui avait mis ça au point était le patron du service de gynécologie du CHU de Tourmens, Édouard Goffin. La photo le montrait à la remise d'un prix important remis par une fondation américaine. Il s'y trouvait en compagnie de l'une des premières patientes qu'il avait guérie, et qu'il avait épousée. C'était Alice.

24

L'arnaque

Play, lieu-dit « La Fermette »

– Le service de gynéco était complètement désorganisé, l'hôpital a décidé de nommer Goffin, qui était en fin de clinicat, chef de service intérimaire. Avec l'aide de quelques-uns de ses anciens patrons, il est devenu agrégé en quelques mois, et plus personne n'a pu le déloger. Les épouses, les filles et les maîtresses de notables, toutes suivies par Kalanian, se sont confiées à Goffin, au seul gynécologue « pur » du service. Du jour au lendemain, il est devenu incontournable... Évidemment, je suis devenu persona non grata. J'ai cessé de doubler les gardes de maternité. De toute manière, après la mort de Charly, je n'en avais plus envie. Deux ans plus tard, je venais de m'installer à Play, une de mes patientes entre avec une angoisse terrible d'avoir un cancer du sein. Je l'examine, elle n'avait pas de tumeur mais elle insiste pour que je l'envoie à Tourmens, chez le spécialiste qui vient de mettre au point le traitement révolutionnaire. « Quel traitement ? – Comment, docteur, vous ne lisez pas les journaux ? » Et elle me tend un article qu'elle a découpé dans le *Tourmentais libéré*, et qui parle de Goffin, d'une association chirurgie-hormonothérapie extrêmement prometteuse... L'article précisait que ce traitement avait été expérimenté pendant les trois années écoulées sur une quarantaine de patientes et que tous les hôpitaux du pays venaient d'obtenir l'autorisation d'y recourir. Goffin se chargeait de former ses confrères à la technique nouvelle.

« ... J'ai fait des recherches dans la presse médicale et je suis tombé sur deux papiers que Goffin venait de publier dans des revues anglo-saxonnes. Avec le soutien financier d'un puissant laboratoire pharmaceutique suisse, Goffin avait expérimenté une technique ne nécessitant pas d'enlever la tumeur, ni *a fortiori* le sein, ce qui évitait de mutiler les femmes et d'avoir à recourir ensuite à la chirurgie esthétique... Elle consistait à placer au centre de la tumeur un implant contenant des anticancéreux. Les premiers essais avaient été prometteurs, mais l'efficacité de la technique avait été grandement accrue par l'adjonction d'un médicament de conception originale qui, en se liant spécifiquement aux cellules cancéreuses, bloque leur multiplication et permet aux défenses naturelles de l'organisme de détruire même les métastases... »

– Il avait repris l'invention de Kalanian !

– C'est pire que ça. D'après les dates, si Goffin avait refusé de participer à l'essai du vecteur, c'est probablement parce qu'il pratiquait *déjà* ses implantations sur des patientes choisies, à l'insu de son patron et de l'administration de l'hôpital... Mais contrairement à celles de Kalanian, les recherches de Goffin n'étaient pas désintéressées. Il travaillait pour un laboratoire... Je m'étais demandé comment on avait pu étouffer l'affaire Kalanian aussi vite ; beaucoup de bruits couraient, y compris le fait que les familles ne s'étaient pas organisées pour porter plainte et obtenir réparation. Et puis un jour, un de mes patients, avocat, m'a donné l'explication, parce qu'il en avait gros sur le cœur. Le mari de la patiente de Charly l'avait contacté pour porter plainte. Il était ensuite retourné le voir en lui disant qu'il voulait enterrer l'affaire. L'avocat ne comprenait pas pourquoi et l'homme avait fini par lui dire qu'un procès lui coûterait cher, que ça ne rapporterait rien du tout, et que ça n'élèverait pas ses enfants. Un laboratoire voulait reprendre les expérimentations de Kalanian. Il lui proposait de l'indemniser de manière importante à condition qu'il mette sa plainte en sourdine et qu'il ne parle de rien à la presse. On avait joué sur sa corde sensible, le discours culpabilisateur habituel : pensez à vos enfants, il ne faut pas que votre femme soit morte pour rien, etc. Ça et un très gros chèque, ça avait fini par le convaincre... Le laboratoire avait doublement intérêt à ce que l'affaire soit enterrée. Une enquête officielle aurait certainement révélé que Goffin pratiquait lui aussi des expérimentations en douce. Le silence leur a permis de continuer tranquillement leur petite expérience et, en récupérant les travaux de Kalanian, de « découvrir » un traitement miraculeux...

– Qu'avez-vous fait ?

– Que vouliez-vous que je fasse ? J'étais un personnage extérieur à tout ça. Je n'avais aucune preuve de rien. Je ne pouvais pas aller raconter des on-dit aux flics. Et puis, je ne suis pas du genre à aller parler aux flics... Est-ce que je pouvais seulement aller raconter à Luciane que Charly s'était tué parce qu'une multinationale avait fait fonctionner le trafic d'influence et la planche à billets ? À quoi cela aurait-il servi ?... La vérité est bonne et belle à dire, mais elle a toujours des conséquences imprévisibles, et ce sont les individus qui paient les pots cassés, pas les institutions ou les compagnies commerciales... J'étais quand même très en colère, et pour me calmer, je suis allé revoir Luciane, qui continuait à travailler à la librairie. Elle ne se remettait pas, elle ne se remettrait jamais de la mort de Charly, elle vivait seule, mais son boulot de libraire la maintenait en vie. Elle organisait des animations pour les écoles, des clubs de lecture pour les malades, des trucs comme ça... J'ai débarqué un soir, à la fermeture, et je l'ai invitée à dîner. Elle a refusé, elle était complètement assommée par ce qu'elle venait d'apprendre. Alice, qui était très distante depuis la mort de Charly et qui disparaissait parfois pendant plusieurs semaines sans donner de nouvelles, était passée la voir la veille. Elle venait lui dire qu'au moment de la mort de Charly elle avait su qu'elle avait un cancer, qu'elle s'était faite soigner, qu'elle était guérie, qu'elle était tombée amoureuse de l'homme qui l'avait sauvée, qu'elle était enceinte, qu'elle allait l'épouser. Cet homme, bien sûr, c'était Goffin.

– Mais... Je croyais que Goffin et sa femme n'avaient pas d'enfants ?

– Ils n'en ont pas. Je ne sais pas ce qui s'est passé. Elle l'a épousé, en tout cas. Et il ne s'est pas privé de l'emmener partout avec lui. Elle était la preuve vivante qu'il était un grand médecin qui sauvait les femmes et que les femmes ne pouvaient qu'admirer.

25

Révélations

Tourmens, palais de justice

Watteau se penche vers ses interlocutrices.

– Je vous écoute, mesdames... ?

– Je m'appelle Aline Barzat et voici Denise Marchand. Nous travaillons dans le service du professeur Goffin. J'étais sa panseuse, l'infirmière qui l'aidait dans ses interventions, et Denise était...

– Sa secrétaire personnelle, conclut l'autre femme.

– Bien. Pourquoi avez-vous demandé à me voir ? Auriez-vous des informations à me donner sur la mort du professeur Goffin ?

– Nous ne savons pas qui l'a tué, mais nous avons des informations, oui. Sur lui. Sur ses activités. Nous aurions pu attendre, nous pensions que tôt ou tard vous viendriez enquêter à l'hôpital, mais nous avons préféré venir vous parler spontanément. Nous ne voulons pas qu'on croie que nous étions ses complices...

Watteau fronce les sourcils.

– Ses complices ?

– Oui, monsieur le juge, reprend Denise

Marchand, mais il faut nous comprendre, on ne pouvait rien dire. D'abord, parce qu'on risquait notre place, mais pas seulement, on savait très bien que même si nous disions ce qui se passait, comme monsieur Goffin gardait le double de toutes les lettres et ne laissait aucune trace, on ne nous croirait pas. En revanche, nous n'aurions plus jamais pu travailler dans le milieu médical. Accuser un grand patron comme lui d'une chose pareille... Mais c'était dur, vous savez, de savoir ce qui se passait. J'étais la secrétaire de monsieur Goffin depuis des années, je connaissais tous ses dossiers et quand il opérait c'est moi qui tapais ses comptes rendus d'intervention, mais aussi les lettres confidentielles qu'il envoyait au médecin ou... à l'ami de la personne qu'il avait opérée.

– Il envoyait des courriers aux amis de ses patientes ? Pour leur dire quoi ?

– *Pour leur dire que ce qu'ils avaient demandé avait été fait*, répond Aline Barzat. C'est moi qui l'aidais pendant les interventions. Ça faisait quinze ans que ça durait...

Les deux femmes se taisent, se regardent, regardent Watteau.

Le juge se penche un peu plus vers elles et murmure :

– Hélas, je ne suis pas sûr que ces confidences soient de mon ressort...

* * *

Watteau referme la porte derrière ses deux visiteuses et se rassoit. Il regarde la feuille posée devant lui. Elle est blanche. Dans le bureau voisin, l'imprimante chuinte. Il ouvre la porte de communication. Clémentine Basileu lève la tête et pose sur Watteau son regard maternel.

– Madame Basileu, est-ce que ces deux dames avaient pris rendez-vous par l'intermédiaire du greffe ?

– Non, monsieur, comme elles demandaient à vous parler personnellement, le standard me les a passées directement.

– Qui, en dehors de vous et moi, sait qu'elles sont venues ici ?

– Personne.

– Donc, officiellement, je ne les ai jamais entendues dans le cadre de l'enquête sur la mort d'Édouard Goffin ?

– Officiellement, jamais.

– Merci, madame Basileu.

Watteau referme la porte et compose le numéro du commissariat central.

– Le poste 813, s'il vous plaît...

– Benamou à l'appareil.

– Bonjour, inspecteur. Ici Watteau.

– Bonjour, monsieur le juge...

– Je vous rappelle au sujet de l'affaire Goffin. Vous m'avez parlé d'un coup de téléphone que Goffin a passé de chez lui avant de ressortir, le soir du meurtre...

– Il y en a eu deux...

– Oui, il a d'abord appelé sa femme, puis un téléphone portable. C'est celui-là qui m'intéresse. Avez-vous identifié son correspondant ?

– Je vous ai fait une note mais (bruits de papier) elle n'est pas partie encore. C'est un type qui bosse pour un laboratoire pharmaceutique suisse. Un nommé...

– Peu importe pour le moment. Je voulais simplement m'assurer qu'on avait pu le retrouver. Il est en Suisse ?

– Non, actuellement il est à Paris. Il coordonne un congrès de gynécologues...

– Parfait. Nous allons l'inviter à venir faire un détour par ici. Envoyez quelqu'un me le chercher, je vous fais suivre la commission rogatoire. Je veux le voir au plus tard vendredi.

– Vous pensez qu'il sait quelque chose ?

– Je suis convaincu qu'il en sait beaucoup plus que nous... Et les vidéos, qu'en avez-vous tiré ?

– C'est désolant, mais rien ! Rien de rien ! Le 6 février, jour du meurtre, on voit le professeur et madame Goffin sortir l'un après l'autre. Après ça, rien jusqu'au soir. Goffin rentre puis ressort avant l'émission de télé et il rentre à nouveau un peu avant 2 heures du matin. Mais entre-temps personne n'a emprunté l'ascenseur pour monter et, jusqu'à l'arrivée de la femme de ménage, personne ne l'empruntera non plus pour descendre...

– L'assassin est redescendu par l'escalier...

– Oui, mais comment a-t-il fait pour monter à l'étage ?

– Attendez. Qu'y a-t-il sur les enregistrements de la veille ?

– La veille, c'est pratiquement le même manège, à ceci près que madame Goffin ne sort pratiquement pas de la journée. Le professeur quitte l'immeuble à 8 heures moins le quart, la femme de ménage arrive à 8 heures et demie, part à 11 heures, revient à 13 heures et repart à 17 heures. À 18 heures quinze, madame Goffin sort de l'immeuble, et elle revient trois quarts d'heure plus tard, une baguette et un journal à la main. Ensuite, rien jusqu'au retour de Goffin à minuit dix. Et rien, à nouveau, jusqu'au départ de Goffin à 8 heures moins le quart le lendemain matin.

– Je vois... Est-on sûr que les cassettes n'ont pas été truquées ou subtilisées ?

– Catégorique. Les magnétoscopes se trouvaient dans une armoire blindée dont seul le gardien a la clé. C'est lui qui les recharge, chaque matin. Nous avons saisi les cassettes dès le matin du meurtre et elles portent toutes l'horaire en incrustation. Il ne manque rien. Et je vous garantis que mes hommes ont tout regardé. Je n'y comprends rien. Le gardien de l'immeuble jure ses grands dieux que seuls monsieur Goffin, madame Goffin et leur femme de ménage avaient passé la porte d'entrée le jour et la veille du meurtre.

– Comment peut-il en être sûr ?

– Il a passé les deux jours dans le hall à lessiver et à repeindre les murs de l'entrée. Il ne s'est même pas arrêté pour déjeuner. On le voit d'ailleurs échanger quelques mots avec madame Goffin par la porte ouverte de l'ascenseur, sur la cassette où elle rentre sa baguette et son journal sous le bras... Et je suis allé examiner de près les portes de l'escalier, au rez-de-chaussée et au quatrième. Elles n'ont été ni forcées ni crochetées. Pour que l'assassin monte, il aurait fallu que quelqu'un les ouvre de l'intérieur. Mais en dehors de la vieille dame du troisième, il n'y avait personne pour ouvrir...

Watteau pousse un long soupir.

– Mais si, il y avait quelqu'un... Cette caméra dans l'ascenseur, c'était une arme à double tranchant. Goffin avait au moins une maîtresse, il pouvait en avoir plusieurs. L'appartement était très grand, ils faisaient chambre à part, qui nous dit qu'il ne recevait pas parfois chez lui ? Goffin ne serait pas le premier homme qui laisse une femme dans un lit pour aller en rejoindre une seconde dans un autre. Il ne pouvait pas faire monter une invitée par l'ascenseur sans que ça soit filmé, mais, en l'absence de sa femme, il pouvait parfaitement s'assurer que la porte de palier restait ouverte, descendre l'escalier et faire entrer discrètement son invitée par le rez-de-chaussée. Ils ne risquaient pas de croiser qui que ce soit en remontant...

– À 2 heures du matin ?

– Mais non, à 19 heures ! D'après l'examen des lieux, à 2 heures du matin, Goffin a été tué juste après avoir regagné son appartement. Il entre, pose son imperméable, passe dans le salon et, là, quelqu'un l'abat. Ce quelqu'un se tenait devant la baie vitrée. Qu'est-ce qu'il ou elle faisait devant la baie ?

– Il – ou elle – l'attendait...

Pensif, Benamou marque une pause. Watteau ne lui laisse pas le temps de réfléchir.

– Pouvez-vous me confier les cassettes, inspecteur ? J'aimerais les visionner pendant le week-end.

– Je vous les fais porter de suite. Mais ça risque d'être une perte de temps...

– Je ne crois pas. Ma greffière m'a récemment convaincu que, lorsqu'on la regarde très attentivement, la télévision peut être très instructive...

26

Jeune et innocent

Paris, rue Popincourt

– Je comprends mieux beaucoup de choses, dit doucement Cheryl.

– Tant mieux pour toi. Moi, il y a encore des tas de choses que je ne comprendrai jamais, grogne Gabriel. Tu peux m'expliquer pourquoi elle a épousé ce pourri ?

– Des fois, t'es vraiment bête ! T'as jamais lu les lettres que les poilus de la guerre de 14 envoyaient à leurs familles ? Ils avaient perdu une jambe, ils étaient mutilés ou aveugles, et dans les hôpitaux, des jeunes femmes s'occupaient d'eux tous les jours, les soignaient, les torchaient, leur parlaient. Beaucoup ont épousé leur infirmière...

Gabriel se retourne, perplexe.

– Tu veux dire que c'est ça qui lui est arrivé ?

– J'en sais rien, je la connais pas, cette fille, mais je peux imaginer quelque chose comme ça. Quand elle est allée se faire soigner, elle ne devait pas savoir qui c'était, ce type-là. Et elle devait s'en foutre. Ce qu'elle voulait, c'est qu'on s'occupe d'elle.

– Mais je m'occupais d'elle, moi !

– Tu comprends rien, Gabriel. Quand on est malade, on ne pense plus à l'amour, on ne pense plus qu'à la mort, à la douleur, à la souffrance. J'avais une copine, à l'institut Carita – Gisèle, un vrai canon. C'est elle qui m'a appris comment me maquiller, comment me fringuer. Elle était belle comme un cœur. Elle n'avait pas de jules. Plein de mecs lui tournaient autour mais elle, elle voulait se garder pour l'homme de sa vie. Elle disait : « Le jour où je le rencontre, je saurai que c'est lui. » On a passé toute notre première année ensemble. Au mois de mai, la voilà qui tombe malade, une maladie de Hodgkin. Des glandes qui lui poussent partout. Elle qui était ronde juste là où il faut, elle se met à maigrir à vue d'œil et se transforme en squelette ambulant. Elle ne voulait plus voir personne, elle ne parlait plus qu'aux médecins, ça faisait mal au cœur, et finalement on ne l'a plus vue. Au bout d'un an ou deux, je la croise dans la rue, elle allait mieux, elle était souriante, elle avait repris des formes, elle se maquillait et elle se fringuait à nouveau. Et comme ça, dans la rue, elle me dit qu'elle mène une vie de patachon, qu'elle baise comme une folle, qu'elle s'envoie tout ce qui passe à portée de la main. Je ne la reconnaissais plus. Avoir été malade à en mourir presque, ça l'avait changée. Ça l'avait fait réfléchir. Elle savait pas si elle aurait jamais le temps de le trouver, son homme idéal, et de vivre avec lui, alors elle s'était dit que ça serait trop con de pas profiter de la vie pendant qu'elle la tenait. Ta copine Alice, c'est sûrement quelque chose comme ça, qui lui est arrivé. Ça s'est pas fait en trois semaines, ça a pris des mois, t'étais pas dans sa tête pour comprendre, t'étais même pas près d'elle. Alors, ça me fait chier de te voir faire cette tête-là aujourd'hui...

– Pourquoi ? T'es jalouse ?

– Non, crétin ! Je me mets à la place d'Alice. Il y a vingt ans, elle a cru qu'elle allait mourir. Et puis, elle n'est pas morte. Toi, tu sais rien de ce qu'elle a vécu et pensé, des nuits qu'elle a passées à dégueuler tripes et boyaux en pensant « c'est foutu », et du soulagement qu'elle a ressenti quand elle a pu se dire : « Je ne vais peut-être pas crever, finalement... » Tout ça, moi, je le sais, parce que Gisèle me l'a raconté... Quand on sait qu'on va vivre, on se remet à penser aux autres. Tu ne crois pas que, depuis vingt ans, Alice a pu penser à toi ? Toi, tu ne l'as pas oubliée. Pourquoi veux-tu qu'elle t'ait oublié, elle ? Tu ne crois pas qu'elle aurait peut-être aimé que tu lui donnes un coup de bigophone, un jour, comme ça, sans prévenir, simplement pour lui dire que tu étais heureux qu'elle ne soit pas morte ? Son mari était peut-être un salaud, mais il l'a sauvée. Et je crois que ce qui t'emmerde, au fond, c'est ça. Ton amour d'adolescent n'est pas mort, mais ce n'est pas toi qui l'as sauvé, c'est lui !

Cheryl ramasse le panda en peluche et se met à arranger les coussins sur le lit. Gabriel la regarde faire en silence puis hausse les épaules.

– Tu as raison, je ne sais rien de ce qui lui est arrivé. Mais je ne sais pas à qui le demander... Ça doit grouiller de flics autour d'Alice, en ce moment. Je ne sais pas où vit Luciane. Jean a disparu de la circulation...

– Et le toubib des urgences, là, Bruno Sachs ? Il ne bosse plus à Tourmens ?

– Je ne sais pas. Il était généraliste, il parlait toujours de s'installer à la campagne...

Cheryl déplace une chaise, grimpe dessus, ouvre un placard et en sort une boîte en carton.

– Qu'est-ce que c'est ?

– Un minitel. Il est hideux et je m'en sers rarement, alors je le planque, mais là c'est l'occasion. S'il vit encore en France, ton Sachs, on le saura dès ce soir. Le cabinet d'un médecin généraliste, c'est jamais sur liste rouge.

27

Retour vers le futur

Play, lieu-dit « La Fermette »

Il m'avait demandé de ne pas prévenir Bruno – il voulait savoir s'il se souviendrait de lui. Quand Bruno est entré, il a d'abord vu, installée dans le canapé, une très jolie blonde, tirée à quatre épingles, qu'il ne connaissait pas. Bruno lui a dit bonjour, s'est approché, lui a tendu la main avec un sourire perplexe. Alors, seulement, il a aperçu Gabriel qui, accroupi près de la bibliothèque, regardait d'un œil connaisseur les vieux vinyles alignés.

Gabriel s'est levé. Ils se sont toisés un instant. Bruno semblait chercher dans sa mémoire, et puis il a dit gauchement :

– Quand on s'est croisés la première fois, tu faisais plus jeune...

– Et toi, quand on s'est croisés la première fois, tu faisais moins net !

Et, en riant, ils sont tombés dans les bras l'un de l'autre.

Ils ont parlé longtemps. Ils se sont raconté tout ce qu'ils ne s'étaient pas raconté vingt ans auparavant, leur adolescence, leurs dégoûts, leurs révoltes, leurs amours, leurs désespoirs. Ils ont échangé avec des rires, des larmes et des « c'est pas vrai ! » ce que l'un avait vu et l'autre avait raté. Ils ont fait le bilan de ce que chacun savait et que l'autre ignorait. Et la nuit avançait, et ils parlaient toujours. Nous, les filles, nous avons écouté patiemment nos deux jules parler de leurs amis d'antan, des deux mecs qui s'aimaient comme des frères, des deux sœurs dont tout le monde était amoureux, de la vie qui aurait pu être, des espoirs envolés, des luttes clandestines et des coups de gueule, des grands soirs et des petits matins, mais je voyais que Cheryl, comme moi, commençait à trouver le temps long. C'est elle qui a craqué.

– Je regrette de rompre l'harmonie de cette belle réunion d'anciens combattants, et je ne sais pas ce que Pauline en pense, mais je ne vais pas passer le week-end à vous regarder vous gratter le nombril, les mecs... Alors, l'étape suivante, c'est quoi ? Ou plutôt, c'est qui ?

– Que veux-tu dire ?

– Charly est mort, ses cendres ont dû rejoindre la mer, depuis le temps. Donc, pas moyen de remettre la main dessus. Mais Luciane et Alice sont toujours vivantes, et on peut penser que Jean l'est aussi. Vous n'avez pas envie d'élargir le cercle des poètes disparus ?

Bruno et Gabriel se sont regardés, chacun attendait que l'autre dise quelque chose, et puis, tous les deux, ils ont fait :

– Mmmhh...

– Quel bel unisson ! Ça veut dire quoi, « Mmmhh » ?

– Ça veut dire qu'ils ne savent pas quoi dire, ai-je répondu doucement.

– D'après ce que j'ai compris, a soupiré Gabriel, Luciane vit à Paris. Et il me paraît difficile de débarquer chez Alice en ce moment. Quant à Jean, je ne sais pas ce qu'il est devenu... Je ne sais pas comment on pourrait le retrouver...

J'ai tourné la tête vers Bruno. Il m'a regardée, a regardé Gabriel et Cheryl, et a hoché la tête.

– Moi, je le sais.

28

Le charme discret de la bourgeoisie

AFP, 29 février
Affaire Goffin : révélations en cascade

Les révélations de deux anciennes collaboratrices du professeur Goffin, assassiné à son domicile de Tourmens dans la nuit du 6 au 7 février dernier, font basculer une instruction jusqu'ici très discrète sous les projecteurs des médias. Il semble en effet que le patron de Gynécologie-Obstétrique du CHU de Tourmens, spécialiste mondialement reconnu du traitement du cancer du sein, ait été le dirigeant d'un réseau clandestin de stérilisation forcée dont ont été victimes plusieurs dizaines de femmes âgées de vingt à trente-cinq ans. D'après les révélations faites par la secrétaire et la panseuse (infirmière opératoire) du professeur Édouard Goffin, celui-ci aurait personnellement pratiqué au cours des dix dernières années la stérilisation chirurgicale de plusieurs dizaines de femmes qui lui étaient envoyées par des hommes politiques de tous bords et des personnalités du spectacle, de l'audiovisuel et du monde des lettres. Ces femmes, call-girls professionnelles ou maîtresses « officielles » de personnalités en vue, consultaient le professeur

Goffin pour des troubles gynécologiques bénins ou la prescription d'une contraception. Après les avoir examinées, le gynécologue conseillait de pratiquer une cœlioscopie « de contrôle », au cours de laquelle il injectait, à l'insu des patientes, une substance sclérosante dans leurs trompes, interdisant ainsi toute grossesse ultérieure. La procédure passait évidemment inaperçue et les personnalités qui bénéficiaient des faveurs de ces femmes n'avaient plus à craindre les chantages à la paternité qui planent sur nombre de personnalités publiques. Toujours selon les deux témoins – qui hier, lors d'une conférence de presse, ont fait ces révélations assorties d'une liste nominative des victimes, de leurs « protecteurs » et des dates auxquelles les stérilisations ont été pratiquées –, ces services un peu particuliers auraient permis au professeur Goffin d'obtenir sans difficulté les nombreuses et importantes subventions privées et publiques qui finançaient ses recherches sur le cancer et faisaient de son service l'un des mieux dotés et des plus réputés d'Europe. Toujours dans le cadre de l'affaire Goffin, on apprend également la mise en examen d'un homme d'affaires de nationalité helvétique avec qui le professeur de gynécologie aurait été en relation téléphonique quelques heures avant son assassinat. D'après des sources dignes de foi, cet homme d'affaires aurait servi d'intermédiaire au financement, par une multinationale pharmaceutique dont le siège est à Zurich, du MRD, parti politique du professeur Alphonse Carpacci, confrère et ami intime du professeur Goffin, et actuel député-maire de Tourmens. Ce qui, selon toute probabilité, apparaissait d'abord comme un crime probablement commis par un proche de la victime prend, avec ces révélations fracassantes, une tout autre dimension.

* * *

Tourmens, palais de justice

– *Qu'est-ce que c'est que ce souk ?*

Le procureur Desaix est hors de lui. Son visage rubicond est au bord de l'apoplexie. Watteau lève les bras en un geste d'impuissance.

– Je suis aussi stupéfait et choqué que vous, monsieur le procureur. J'ai découvert l'article ce matin, à mon arrivée au palais.

– D'où sortent ces deux gonzesses ? Les aviez-vous interrogées ?

– Je n'en voyais pas bien l'utilité. Goffin a été assassiné chez lui, pas à l'hôpital...

– Ne vous foutez pas de moi ! Qu'est-ce qui leur a pris d'aller raconter tout ça à la presse ? Elles se croient en Amérique, ou quoi ?

– L'influence des séries télévisées, sans doute...

Desaix écarquille les yeux. L'espace d'un instant, Watteau se demande s'il ne va pas s'étouffer sur place. Mais le procureur se reprend et murmure entre ses dents :

– Et qui a laissé filtrer l'information sur l'intermédiaire suisse ? Dois-je demander qu'on vérifie les serrures de votre bureau ?

– Mon bureau n'a pas de serrure, monsieur le procureur. Il n'en a jamais eu et le vôtre non plus. Ce détail a échappé aux architectes, lorsqu'ils ont conçu ce palais de justice que la France entière nous envie. Et les bureaux n'ont toujours pas de serrure, car il était finalement plus facile, et plus compatible avec le maigre budget dont nous disposons, de mettre deux gendarmes en patrouille de nuit dans les couloirs que de faire refaire plusieurs centaines de portes pour les équiper de serrures inviolables...

– Vous allez être dessaisi du dossier, Watteau !

– « On » ne tient donc plus à ce que l'assassin du professeur Goffin soit arrêté au plus vite ?

– Je n'en ai rien à foutre, de cet assassin ! J'ai d'autres emmerdements bien plus graves...

– Je le sais, monsieur le procureur, je le sais, dit Watteau en tournant les talons. Il m'a bien semblé voir votre nom sur la liste...

* * *

Assis au fond du grand fauteuil défoncé, Watteau actionne la télécommande pour rembobiner la cassette. Pour la treizième fois consécutive, il regarde la porte de l'ascenseur s'ouvrir, la silhouette sortir sur le palier et s'avancer dans le couloir...

Il éteint magnétoscope et téléviseur. Il se lève, s'étire, pense aux semaines écoulées, à ce meurtre qui ressemble à une exécution, à Alice Goffin et à sa sœur Luciane. Il pense à la jouissance absolue qu'il a éprouvée en voyant Desaix se décomposer et plusieurs magistrats raser les murs du palais. Il pense aux hurlements stridents qui montaient ce matin du hall des affaires familiales et il associe très bien ce cri à la bouche grimaçante de madame le juge Le Guern, découvrant sur la liste le nom de son frère, grand capitaine d'industrie tourmentais, et de son époux, haut fonctionnaire au Trésor...

Il pense à la réaction de madame Basileu quand il a regagné son bureau et lui a annoncé la nouvelle.

– Je viens d'être dessaisi de l'affaire Goffin.

– Vraiment ? Juste au moment où vous alliez signer une mise en examen... C'est bien dommage.

– Mmmhh... Je suis bien d'accord avec vous, madame Basileu, c'est bien dommage... Mon successeur va devoir tout reprendre depuis le début...

Watteau sourit en revoyant le visage faussement navré de madame Basileu. Son sourire se crispe Ses yeux errent sur les braises qui achèvent de se consumer dans la grande cheminée. Il pense à la loyauté, à l'intégrité, à la justice. Il pense à l'amitié. Il pense à la haine.

La gorge serrée, il traverse le grand salon et éteint le lustre. Au moment où il se met à gravir l'escalier, on frappe à la vitre de la porte d'entrée. Il est 23 heures passées. Qui peut lui rendre visite ?

Ils sont deux. L'un est grand et lourdaud, avec des bras un peu trop longs. L'autre est brun et porte des lunettes rondes.

Ils le regardent en silence puis, d'une seule voix, murmurent :

– Salut, Jean.

29

L'homme tranquille

Château de Lermignat

Il les fait asseoir dans le grand salon et pose une bûche sur les braises. Les flammes reprennent de la vigueur. Il s'assoit par terre, contre l'un des fauteuils, et leur parle enfin.

– Qu'est-ce que vous vous êtes dit ? « Putain, comme les gens changent ! Tu sais, le fils de famille pédé qui passait le plus clair de son temps à enculer des minets dans les back-rooms ? Eh ben, vingt ans après, il est juge d'instruction ! »

– Dis pas de conneries, fait Gabriel.

– On n'a jamais parlé de toi comme ça, murmure Bruno.

– Non, je sais. Pas vous... Mais c'est l'image que je craignais de donner. C'est l'image que j'ai longtemps eue de moi-même... Parce que je ne pouvais pas m'en construire une autre. J'étais un privilégié, et je ne m'en rendais même pas compte...

– Les homos n'étaient pas vraiment des privilégiés...

– Les homos, non. Les fils de famille, si. C'était facile, pour moi, de râler après les homos qui ne voulaient pas s'assumer. Je n'avais pas besoin de bosser ; donc, pas de risque de me faire virer d'un boulot. Ma famille m'a toujours accepté comme je suis ; donc, pas d'apparences à préserver. Et comme je n'avais jamais eu de vie à construire, je ne construisais rien. Je me lamentais sur mon pauvre sort de pédale désœuvrée et, en restant près de Charly, je faisais le voyeur et je jouais les révoltés par procuration.

– Ça ne veut pas dire que tu ne croyais pas aux mêmes choses que nous...

– Quand on croit à quelque chose, on le fait. On ne se contente pas d'en parler. Toi, Bruno, je t'ai toujours entendu dire que tu ferais de la médecine générale. On croyait que tu le ferais, et tu l'as fait. Et toi, Gabriel, tu disais déjà que tu ne donnerais jamais aucune prise au pouvoir, que tu resterais en marge... Et on te croyait, même si tu n'avais que dix-neuf ans. Mais qui croyait *en moi* ?

– Charly...

– Ouais, Charly. Et c'est pour Charly que je suis devenu ce que je suis. Pour Charly, qui par loyauté pour son vieux maître Kalanian s'est embringué dans une expérimentation foireuse. Pour Charly, l'homme épris de vérité qui n'a pas pu la faire éclater et expier ses fautes parce que les médecins, les flics et les juges l'ont fait taire. C'est Charly qui m'a fait comprendre que la loyauté, la loi et la justice, chacun en use avant tout à son profit. C'est Charly qui m'a fait comprendre que, quand on se trahit, on trahit les autres, et que c'est impardonnable..

Les larmes coulent sur son visage à présent.

– Quand il est mort, je me suis dit qu'il était temps de faire quelque chose de ma vie. Que continuer comme ça, c'était le trahir, moi aussi. J'ai quitté Tourmens, je suis allé à Paris, je me suis inscrit en fac de droit, j'ai passé les concours de la magistrature...

– Pourquoi devenir juge, et pas avocat ?

– Je ne voulais pas devenir juge, mais *juge d'instruction*. Ce que recherche un juge d'instruction, c'est la vérité. Un avocat n'a pas besoin de connaître la vérité pour défendre son client. Il doit même parfois la traiter par-dessus la jambe. Moi, je voulais retrouver toutes les pièces des puzzles, les assembler, leur donner sens. Je voulais montrer qu'on peut, comme le dit la loi, *instruire à charge et à décharge*... Quand Charly et Kalanian ont commis leur erreur fatale, l'instruction n'a pas été impartiale et complète. On ne les a pas écoutés. On n'a pas cherché à rassembler *toutes* les pièces. Si quelqu'un l'avait fait, il aurait découvert que Goffin était une bien plus grande crapule qu'eux, et il l'aurait empêché de devenir chef de service, d'usurper l'invention de Kalanian et, *pendant vingt ans*, d'acquérir tout ce pouvoir, de manipuler tous ces notables, de détourner tout ce fric, *de mutiler toutes ces femmes*... Mais on a étouffé l'affaire, Charly s'est retrouvé seul à hurler dans le désert et, comme il n'avait personne d'autre à punir que lui-même...

Il lève la tête vers le haut plafond, avale douloureusement sa salive.

– Voilà pourquoi je suis devenu juge d'instruction. Voilà pourquoi, à vingt-six ans, j'ai cessé d'avoir une vie privée, fait une croix sur mon pseudo-militantisme et enterré ma sexualité.

– Tu ne veux pas dire que...

– Que je vis seul ? Oh, pas tout à fait... Je partage le château avec ma mère. Elle a soixante-douze ans, une santé de fer et une demi-douzaine d'amants. Moi, je n'en ai plus depuis le jour où Charly est mort...

Gabriel et Bruno se lancent un regard effaré.

– Allez ! Ça n'étonne personne qu'une femme reste fidèle au seul homme qu'elle a aimé. Pourquoi pas moi ? Pourquoi pas, si c'est ce qui me permet de rester entier, autrement dit : *intègre* ?

Il se tait.

– Je croyais qu'avant de nommer un juge on le soumettait à une enquête de moralité ? demande Gabriel, ironique.

Jean se met debout, il s'essuie les yeux avec sa manche.

– Très juste. C'est aussi pour ça que j'ai fait une croix sur la drague... Je ne voulais pas que ma queue se dresse en travers de mon chemin et je ne voulais pas non plus avoir à me cacher ; alors, j'ai fait en sorte de ne plus rien avoir à cacher. Quand les flics ont fouillé mon passé, ils n'ont rien trouvé à se mettre sous la dent. Pour eux, j'ai été un riche oisif jusqu'au jour où je suis devenu sérieux, c'est tout. La clandestinité de l'époque avait du bon, finalement. Cela dit, ne vous méprenez pas, tout le monde au tribunal me regarde de travers... Ces gens-là dînent ensemble, baisent ensemble, et ils marient leurs enfants illégitimes ensemble. Ce qui les gêne le plus, ça n'est pas d'ignorer mes petits secrets, ni même de penser que je n'en ai pas – ils en sont bien incapables –, mais de constater chaque jour que je n'ai aucun désir de faire partie de leur monde. On ne peut pas trouver la vérité en vivant dans le mensonge...

Bruno et Gabriel se lèvent. Sans un mot, ils s'approchent de Jean, ils lui tendent les mains, ils l'entourent de leurs bras.

30

L'invraisemblable vérité

Ils restent longtemps debout, côte à côte, devant la cheminée, à regarder le feu, à se remémorer des souvenirs minuscules, à partager de longs silences.

– Jean... soupire Bruno.

– Mmmhh ?

– La vérité sur le meurtre de Goffin... tu l'as découverte ?

Jean hoche la tête, il se dirige vers le téléviseur, prend trois cassettes, en glisse une dans le magnétoscope, puis leur résume les données du problème.

– ... D'emblée, il était évident que l'assassin était passé par l'escalier. Benamou s'est donc persuadé que les vidéos ne pourraient rien nous apprendre. Moi, j'étais convaincu du contraire. Je vais vous montrer trois séquences. Cherchez l'erreur...

Sur l'écran, un homme entre dans un ascenseur, un imperméable sur le bras. Il appuie sur le bouton d'étage, se regarde dans le miroir, défait son nœud papillon, s'adresse un sourire satisfait. Il se retourne vers la porte, fouille dans la poche de son pantalon, en sort un trousseau de clés qu'il fait tourner autour de son index. Au bout d'une vingtaine de secondes, la porte de l'ascenseur s'ouvre à nouveau. L'homme sort dans le couloir, le trousseau de clés en main. On le voit glisser une clé dans la serrure et entrer dans l'appartement avant que l'ascenseur ne se referme. Dans le coin de l'image, un compteur numérique indique 06/02/00-19:40.

– Bon, à présent voici une seconde séquence...

Le même homme, vêtu d'un costume différent, entre dans le même ascenseur, le même imperméable sur le bras. Il appuie sur le bouton d'étage, se regarde dans le miroir, tripote son col ouvert, se fait un sourire carnassier. Il se retourne vers la porte, fouille dans la poche de son pantalon, en sort un trousseau de clés, le fait tourner autour de son index. Vingt secondes plus tard, la porte s'ouvre, l'homme sort de l'ascenseur, fait trois pas, glisse une clé dans la serrure et entre dans l'appartement tandis que la porte de l'ascenseur se referme. Dans le coin de l'image, le compteur numérique indique 07/02/00-01:47.

– On dirait deux prises de la même scène... fait Gabriel. Qu'est-ce qu'on aurait dû voir ? Qu'il n'a pas de nœud papillon dans la deuxième ?

– Bien vu, mais c'est pas ça. Attends, je vous passe la troisième.

Cette fois-ci, lorsque la porte de l'ascenseur s'ouvre, ils voient une femme, journal sous le bras et baguette à la main, faire un geste et échanger deux mots avec un homme agenouillé près d'un seau dans le couloir, à l'arrière-plan.

– Alice, murmure Gabriel. Vingt ans après, même sur une mauvaise vidéo, elle est toujours aussi belle...

– C'est parce que tu l'aimes, commente tendrement Bruno en posant la main sur son épaule.

En pénétrant dans la cabine, la femme jette un bref regard à l'objectif de la caméra avant de lui tourner le dos pour appuyer sur le bouton d'étage. La porte de l'ascenseur se referme devant elle. Vingt secondes plus tard, elle s'ouvre à nouveau. Alice fait deux pas, s'arrête, hésite, puis tend la main vers le mur. La lumière jaillit dans le couloir et la porte de l'ascenseur se referme. Le compteur indique 05/02/00-19:00.

Bruno écarquille les yeux et regarde Jean, perplexe. Gabriel s'énerve.

– La différence, c'est que sur les deux premières, c'est Goffin, sur la troisième, c'est Alice. Et alors ?

– Tu ne remarques rien ? Et toi, docteur ?

– Mmmhh... Oui, il y a quelque chose, mais je n'arrive pas à mettre le doigt dessus... Si, bien sûr ! Les clés !

– Quoi, les clés ?

– Les deux premières fois, Goffin sort de l'ascenseur les clés à la main. C'est le genre de geste machinal qu'on fait pour gagner du temps, quand on retourne à sa voiture ou quand on s'approche de chez soi. On sort ses clés à l'avance..

– Exact. Et l'autre différence ? demande Jean.

Gabriel lui prend la télécommande et rembobine la séquence.

– L'autre différence... dit-il, c'est qu'Alice hésite, s'arrête et allume la lumière du couloir.

– Exactement. Pourquoi fait-elle ça ? Sur les deux séquences précédentes, Goffin ne prend pas la peine de le faire. La porte de l'appartement est juste en face. La lumière de l'ascenseur éclaire le couloir assez longtemps pour qu'il ait le temps d'entrer chez lui. Alice, elle, allume le plafonnier, alors que logiquement, la première chose qu'elle devrait faire, c'est chercher ses clés.

– Tu veux dire...

– Qu'elle n'a pas l'intention d'entrer dans l'appartement, mais de redescendre à pied, pour faire monter quelqu'un par l'escalier..

– Alors, c'est Alice qui a fait entrer l'assassin ?

Jean hoche la tête.

– C'est la seule explication. Alice n'a pas mis le nez dehors de toute la journée, mais sa femme de ménage est venue deux fois. Pourquoi décide-t-elle brusquement, à 18 heures quinze, de sortir acheter une baguette de pain et un journal qu'elle aurait pu se faire apporter ? Il y a une boulangerie et une maison de la presse au bout de la rue. *Comment se fait-il que ça lui prenne trois quarts d'heure ?* Non, la baguette et le journal sont là pour faire illusion. Elle est sortie pour aller retrouver quelqu'un. À la gare, peut-être : un train arrive de Paris vers 18h30. Au retour, elle s'arrête pour acheter le pain et le journal... et elle passe, comme si de rien n'était, devant le gardien de l'immeuble. Je suis prêt à parier que ce qu'elle lui demande, en passant, c'est s'il a terminé. Quelques minutes plus tard, sans doute pendant que le gardien range ses pinceaux, elle fait entrer l'assassin dans l'immeuble, puis dans l'appartement. Goffin rentre très tard, l'appartement est immense, sa femme et lui font chambre à part. Il n'était pas difficile pour Alice de cacher un intrus, d'autant plus que, ce jour-là, la femme de ménage ne venait pas. Le 6 février au matin, après le départ de son mari, elle s'en va retrouver Luciane et s'assurer un alibi... Quand Goffin rentre chez lui, l'assassin l'attend depuis la veille, et Alice est loin...

Pensif, Bruno prend la télécommande, rembobine la séquence et la repasse plusieurs fois de suite. Gabriel secoue la tête, atterré.

– J'ai du mal à imaginer Alice engageant un tueur pour flinguer son mari... Ça me paraît – comment dire ? – hors de caractère...

– À moi aussi, dit Bruno. L'hypothèse de Jean est plausible mais, à mon humble avis, elle est fausse. Même si Alice doit redescendre ouvrir à quelqu'un, qu'est-ce qui l'empêche d'entrer chez elle d'abord pour déposer sa baguette et son journal ? Non, je crois que... Regardez bien, je viens de trouver une troisième différence. Mais celle-là, c'est *à l'intérieur* de l'ascenseur qu'il fallait la chercher.

Il relance la séquence et, au moment où l'ascenseur se referme pour emporter Alice au quatrième étage, enclenche l'arrêt sur image.

– Regardez-la bien.

– Qui ?

– Alice...

Au bout de quelques secondes, il relance la séquence en vitesse rapide et l'arrête une nouvelle fois, au moment où Alice va sortir de l'ascenseur.

– La même Alice, vingt secondes plus tard...

– Elle est... plus grande ! dit Gabriel.

– Non, pas plus grande. Elle s'est *redressée*. Elle a levé la tête, elle se tient plus droite... Ça ne vous rappelle rien ?

– Si, bien sûr, dit sombrement Jean. *Pour qui sait regarder, ça crève les yeux*. Et si elle ne cherche pas les clés, c'est parce qu'elle ne les a pas sur elle. Cette femme n'est pas Alice...

– Non… dit Bruno. C'est Luciane.

31

Seule dans la nuit

Cher Jean,

J'aurais dû t'écrire il y a vingt ans, avant d'épouser cet homme. J'aurais dû venir te trouver, te parler, te demander ce que tu en pensais. Je sais ce que tu m'aurais dit. En tout cas, je m'en doute. Si je ne t'ai pas parlé, c'est parce que j'avais eu très peur, et parce que j'avais peur encore.

Quand j'ai senti cette chose dans mon sein, j'ai voulu mourir sur-le-champ. La pensée de perdre un sein était plus insupportable que l'idée de mourir. Alors, j'ai d'abord refusé les traitements. Le médecin que j'avais vu semblait très affecté. Manifestement, je ne le laissais pas indifférent. J'avais vingt-six ans, il répétait que les cancers du sein sont rarissimes avant trente ans, que ça n'était pas juste, qu'il ne supportait pas que je me laisse mourir sans rien faire... On m'avait déjà parlé du trouble qui peut s'installer entre un médecin et ses patientes. Ce trouble, il l'exprimait par une attention, une douceur, dont je n'avais jamais fait l'objet auparavant. Quelques semaines après m'avoir vue pour la première fois, il m'a parlé d'un traitement expérimental qui évitait la mutilation. Il ne me garantissait pas que ça me guérirait, mais il voulait m'en faire bénéficier. Comme il allait m'inclure en surnombre dans le groupe de patientes soignées, à l'insu des organisateurs de l'expérience, il m'a fait jurer de n'en parler à personne. Je lui ai demandé pourquoi. Il m'a dit que cela risquait de compromettre l'analyse des résultats, il m'a parlé de valeurs statistiques auxquelles je n'ai rien compris, et je m'en moquais. Je ne voyais qu'une chose : ce mec autour duquel je voyais tourner beaucoup de femmes voulait me soigner au risque de compromettre sa carrière. C'est exactement ce que j'aurais voulu que Charly fasse pour moi. Le trouble que j'avais vu s'installer en lui m'avait émue, j'ai accepté.

Il m'a opérée, puis m'a fait entrer dans un protocole de chimiothérapie – pas à l'hôpital, mais dans une clinique privée de Tourmens. Chaque fois qu'on me posait une perfusion et qu'on y injectait les anticancéreux, il était là. Chaque fois que je souffrais ou que je vomissais, les infirmières avaient des instructions précises pour me soulager. J'étais soignée mieux que quiconque.

Au bout de deux longues années de traitement, il m'a annoncé que les dernières analyses venaient de lui parvenir, et que j'étais guérie. Il suffirait que je sois suivie régulièrement, une consultation par an au début. Et il a ajouté : « Je suis heureux que vous soyez guérie... et malheureux à l'idée de ne plus vous revoir. » Et puis, il n'a plus rien dit, redevenant parfaitement professionnel jusqu'au moment où il m'a raccompagnée à la porte. À l'instant où j'allais sortir, il m'a pris la main, m'a attirée vers lui pour m'embrasser et s'est arrêté brusquement, secouant la tête en disant qu'il ne fallait pas, que ça n'était pas bien... Je n'y tenais plus, je l'ai embrassé, je lui ai dit que je l'attendrais dans mon appartement, le soir même.

Si je te raconte cela à toi, Jean, c'est parce que je sais que tu comprendras dans quel état j'étais. Pendant près de deux ans, je m'étais fermée au monde. Je n'avais rien dit à Charly et à Luciane, je m'en étais voulu et je m'étais sentie mourir un peu plus, m'éloigner un peu plus de Luciane, quand Charly s'était tué. Mais j'avais survécu, j'étais guérie, j'étais éperdue de bonheur à l'idée de vivre. Mon médecin – mon sauveur – est devenu mon amant. Quand j'ai été enceinte de lui, je suis allée voir Luciane. Je n'avais pas pu partager ma peur, j'ai voulu partager mon bonheur avec elle. Sa réaction m'a blessée. Pour elle, Édouard Goffin était un arriviste, un manipulateur. Il était responsable de son malheur et de la mort de Charly. Elle ne supportait pas de m'entendre dire qu'il m'avait sauvé la vie et qu'il me rendait heureuse. Je l'ai quittée révoltée, en me disant que je ne la reverrais plus. Même si son bonheur était mort, j'avais le droit de ne pas être toujours à la traîne de ma « grande sœur », j'avais le droit d'être heureuse.

Quinze ans ont passé avant que je ne comprenne

qu'elle avait raison, et que je ne découvre combien elle était encore en deçà de la vérité.

Édouard n'était pas heureux que je sois enceinte. Il m'a fait comprendre que, avec la chimiothérapie que j'avais subie et la substance que contenait probablement encore l'implant, une grossesse serait dangereuse pour moi et l'enfant pouvait naître avec une malformation. La mort dans l'âme, j'ai décidé d'avorter. Ce jour-là, pour la première fois depuis deux ans, il m'a dit qu'il ne pourrait pas être près de moi, un congrès important pour les travaux qu'il coordonnait... Alors, je t'ai appelé, Jean, et t'ai demandé de m'accompagner. Je ne t'ai donné aucune explication, tu ne m'as posé aucune question. Tu m'as entourée de ta tendresse, tu m'as soutenue. Tu as été un frère pour moi, et je ne l'oublierai jamais. C'est aussi pour cela que je t'écris, aujourd'hui...

J'ai été de nouveau enceinte à trois reprises au cours des années qui ont suivi. Trois fois encore, j'ai avorté. Ces fois-là, j'étais seule, à la clinique dont Goffin avait acheté des parts. Il ne me donnait plus de raison médicale, il disait seulement que ça n'était pas le moment...

Pendant les premières années, je l'ai suivi partout, de congrès en conférence, d'un pays à l'autre. Nous étions convenus de ne jamais mentionner en public les circonstances dans lesquelles nous étions devenus amants. Mais je savais que des bruits couraient, que tout le monde me regardait en pensant : « Il l'a sauvée, elle l'a épousé. » J'ai mis du temps à percevoir ce que cela avait d'ambigu, de trouble – au mauvais sens du terme. Bientôt, j'ai préféré le laisser parader seul.

Je l'ai senti, peu à peu, se détacher de moi. Quand il n'était pas indifférent, il était blessant. J'avais beaucoup réfléchi à mon attirance pour lui. Je me rendais compte qu'elle avait été profondément teintée par les circonstances de notre rencontre. Je sentais s'estomper mon désir pour lui. Je comprenais qu'il en aille de même de son côté. Nous n'étions pas tenus de vivre ensemble, même s'il m'avait sauvé la vie. Mais quand j'ai voulu lui en parler, sa réaction m'a horrifiée. Il ne voulait pas entendre parler d'une séparation. Il me dit que je n'avais pas le droit de le quitter. Je n'étais pas seulement sa patiente et sa femme. J'étais... son prototype

Je n'étais plus une personne, j'étais devenue la chose d'un homme que tout le monde admirait, adulait, respectait. À qui confier l'horreur qui m'envahissait peu à peu ? Personne ne m'aurait crue. Je n'avais plus de nouvelles de personne, sauf de Luciane, que j'appelais de temps à autre, mais qui me répondait de manière distante. J'étais seule, puisque j'avais fait le vide autour de moi.

À ce moment-là, un doute terrible m'a envahie. Un doute qui me taraudait depuis de nombreux mois mais que je n'arrivais pas à formuler. Depuis plusieurs années, Goffin avait cessé d'assurer la surveillance de mon cancer. Il ne m'examinait plus, ne me faisait plus passer d'examens de contrôle. Je décidai d'aller voir un gynécologue dans une autre ville, en donnant mon nom de jeune fille. Il m'examina, me demanda où j'avais été opérée, et voulut connaître le contenu de mon dossier médical. Je ne l'avais pas. Il me demanda la permission de se le faire transmettre. Quelques jours plus tard, il m'appela en me disant qu'il s'était mis en difficulté en demandant mon dossier, qu'on le lui avait catégoriquement refusé, et me reprocha de ne pas lui avoir dit que j'étais la femme du professeur Goffin. J'ai téléphoné à la secrétaire de Goffin, en lui demandant pourquoi elle avait refusé de transmettre mon dossier. Elle me répondit qu'en réalité elle ne l'avait pas. « Comment ça, vous ne l'avez pas ? » Il n'y avait pas de dossier à mon nom. Elle était désolée, mon mari devait l'avoir gardé dans son bureau, à l'appartement.

Son bureau, Goffin l'a toujours jalousement fermé. Je me suis souvent étonnée de ce qu'il garde des dossiers chez nous, n'en avait-il pas besoin quand il revoyait ses patientes ? Il répondait qu'il avait tout dans la tête.

J'étais naïve, j'étais éperdue, j'étais discrète, j'étais bonne à baiser, j'étais valorisante à montrer. Comme épouse, je faisais très bien l'affaire. Surtout, j'avais une absolue confiance en lui. Je lui devais la vie, j'aurais tué pour lui. Au fond, il m'a toujours prise pour une imbécile.

J'ai fini par faire une copie de sa clé (même un porc comme Goffin doit abandonner son trousseau quand il se douche) et, pendant une de ses semaines de conférences aux États-Unis, j'ai exploré son bureau. Je n'ai pas trouvé mon dossier. Je n'ai pas trouvé non plus le dossier des trente-neuf patientes décrites dans les tout premiers articles qui lui ont valu sa renommée, parce que ces femmes n'existent pas. J'ai en revanche trouvé et lu les doubles des dizaines de courriers échangés au fil des années avec le laboratoire dont il devait tester les implants et les médicaments. Les subsides et les produits étaient réels, mais aucune de ses patientes « guéries » ne l'était. Les dossiers authentiques qu'il conservait dans son bureau concernaient tous des patientes décédées ; il en avait repris les éléments pour les inclure dans ses pseudo comptes rendus de recherche. Ses premiers résultats, il les avait fabriqués de toutes pièces. Ce qu'il n'avait pas inventé, en revanche, c'est l'efficacité de l'invention de Kalanian, dont il avait signalé l'existence au laboratoire qui le finançait. Ensuite, il avait très habilement fait prendre le relais de ses fausses expérimentations par des essais authentiques, effectués sous sa supervision mais par d'autres que lui, du médicament qu'il avait volé à son patron...

Et moi ? Qu'est-ce que je venais faire làdedans ? J'avais subi deux ans d'une chimiothérapie qui m'avait fait maigrir, vomir tripes et boyaux et perdre mes cheveux ; j'avais une cicatrice sur le sein. Une cicatrice dont je sentais la présence. Qu'est-ce qu'il m'avait fait ? La tumeur n'était plus là. Et l'implant ?

Pour la première fois depuis des années, je suis allée, seule, passer une mammographie. J'ai demandé qu'on en adresse le compte rendu au docteur Sachs, à Play, et je suis allée voir Bruno.

Lui aussi est un ami, un vrai. Comme toi, il n'a posé aucune question, il m'a seulement demandé ce que je voulais. Je lui ai dit que je voulais être rassurée. Qu'il m'examine, qu'il regarde ma radio. Il m'a examinée, a regardé ma radio et dit :

– Tu n'as rien. On ne voit même pas de trace de ton intervention.

– Et l'implant ?

– On te l'a retiré trois ou quatre ans après l'intervention.

– Non.

– On a dû te le retirer. C'est obligatoire. Le garder plus longtemps serait dangereux.

– On ne m'a rien retiré. Il ne m'a jamais réopérée. Il m'a fait passer des radiographies deux fois par an... sur lesquelles on voyait l'implant...

Bruno n'a rien dit. Mais j'avais compris. Goffin m'a traitée comme si j'étais son prototype, mais je n'étais même pas ça. J'étais la justification vivante de sa réputation de guérisseur, mais j'étais une illusion, un trompe-l'œil.

Quand il m'a reçue pour la première fois, il a dû voir en moi l'occasion de « guérir » une femme sans grand risque. Il ne courait pas, en tout cas, celui que je fasse une récidive précoce. Car je n'ai jamais eu de cancer. Les tumeurs du sein, avant trente ans (j'ai beaucoup potassé le sujet, ces dernières années), sont presque toujours des adénomes, des tumeurs bénignes, et c'était le cas pour moi : il avait même gardé le compte rendu d'anatomopathologie effectué juste après l'intervention. Après m'avoir « guérie » au moyen d'une intervention simple et d'une chimiothérapie inutile, il ne lui avait pas été très difficile de m'épouser... et, grâce à moi, de mystifier le monde entier.

Le jour où j'ai tout découvert, j'ai grimpé sur le bureau de Goffin, j'ai ouvert la fenêtre et j'ai failli me jeter dans le vide sur-le-champ. Là, en équilibre, je me suis dit brusquement : « Si je me tue, il sera tout-puissant. Plus personne ne pourra le dénoncer... »

Je suis restée prostrée plusieurs heures dans le bureau, au milieu des faux dossiers, des bordereaux de versements occultes sur ses comptes en Suisse, de la liste des femmes qu'il avait stérilisées à leur insu, et des lettres de félicitations venues de l'autre bout du monde...

Et puis, j'ai tout rangé, sans laisser de traces de mon passage, et j'ai appelé Luciane. Je suis allée la voir. Je lui ai tout raconté.

Goffin savait que Charly aimait une femme hors du commun. En voyant entrer sa sœur jumelle dans son bureau, il avait dû jouir intensément en pensant à la manière dont il allait tous nous baiser..

À la lumière de toute cette histoire, Luciane et moi avons fini par penser que Goffin a provoqué sciemment les accidents hémorragiques qui ont coûté la vie à trois patientes de Kalanian... et entraîné le suicide de Charly.

Alors, nous avons décidé de le tuer.

32

La femme aux deux visages

C'est dur, tu sais, de tuer quelqu'un.

C'est encore plus dur d'imaginer cet assassinat et de le mettre en œuvre. D'autres que nous auraient sans doute payé un tueur à gages, mais il ne s'agissait pas de se débarrasser d'un homme, il s'agissait de le punir. Il s'agissait, sinon de réparer ce qu'il avait fait – c'était impossible –, du moins de le défaire, de détruire sa réputation usurpée, de dire la vérité à son sujet.

Nous avons pris notre temps. Je nous ai inventé des dîners auxquels seule Luciane assistait, bien sûr, mais que je préparais pour six, avec ma femme de ménage, dressant le couvert pour Charly, Bruno, Gabriel et toi. Ces repas justifiaient occasionnellement la présence de Luciane, mais n'attiraient pas trop l'attention. Il fallait qu'elle vienne souvent, mais qu'on ne sache pas toujours qu'elle était à Tourmens. Il fallait qu'elle sache tout de moi, de ma manière de vivre, des horaires de Goffin, des rituels de l'immeuble et du quartier. Et, devant les chaises vides qui vous représentaient symboliquement, nous

nous sommes remises à pratiquer nos jeux d'il y a vingt ans : nous faire passer l'une pour l'autre ; feindre de nous trouver toutes les deux dans l'autre pièce... Pour tuer Goffin sans nous faire prendre, il nous fallait, ensemble, faire croire que j'étais seule, puis que l'une de nous, seule, fasse croire que nous étions ensemble...

Pendant plusieurs mois, je me suis mise de nouveau à accepter de sortir avec Goffin. À Tourmens, exclusivement, et dans la bonne société. Une fois sur deux, ce n'est pas moi qui sortais avec lui, mais Luciane. Comme je ne le laissais plus me toucher depuis longtemps, il n'y voyait que du feu. Ces nouvelles sorties n'avaient pas pour but de vérifier qu'il ne nous distinguait pas (c'était ironique, mais nous pouvions le tuer sans ça), mais de recruter la candidate idéale. Nous l'avons trouvée en la personne de madame le juge Le Guern, que tu as sûrement interrogée. Nous ne pourrons jamais la remercier des heures de fou rire qu'elle nous offrait quand Luciane et moi évoquions les préoccupations domestiques pitoyables de cette malfaisante bouffeuse de roustons. Mais, une fois convaincue de l'affection que nous avions pour elle, elle nous a fourni, sans le vouloir, un alibi en béton... en nous laissant complaisamment en choisir la date et les modalités. Je suis sûre que tu apprécieras la saveur de la chose.

Le 5 février, je suis sortie tard. Ma femme de ménage passait la journée à l'appartement et je voulais la passer avec elle, car je savais que je ne la reverrais sans doute jamais. A 18h15, je suis sortie et j'ai retrouvé Luciane en ville. Elle était venue à Tourmens en voiture. Au retour, je suis allée acheter du pain et un journal quelconque. Elle a enfilé mon imperméable, a traversé le hall, parlé brièvement au gardien qui finissait ses peintures, est montée par l'ascenseur puis redescendue par l'escalier. Pendant que le gardien rangeait, je suis entrée dans le hall, j'ai frappé à la porte de l'escalier et elle m'a fait entrer.

Nous avons passé la nuit comme une veillée d'armes. Nous devions décider laquelle allait rester là toute la journée en attendant de tuer Goffin, et laquelle aurait la lourde tâche d'interpréter Alice dans la voiture et, simultanément ou en alternance, Alice et Luciane à Paris. Nous étions toutes deux capables de le faire. Nous étions toutes deux prêtes à tuer Goffin.

Le 6 février au matin, après le départ de Goffin, nous nous sommes séparées et l'une de nous est allée subir les bavasseries de la brave madame Le Guern. À Paris, « Luciane » n'était pas encore rentrée. Sous prétexte d'aller se doucher, « Alice » a mis un autre pull avant de sortir par la très utile porte de service dont disposent tant d'appartements parisiens. Quelques minutes plus tard, « Luciane » est rentrée, a fait la connaissance de Germaine Le Guern, s'est plainte de migraine et est allée se coucher. « Alice » est sortie de la douche et, apprenant de madame Le Guern que sa sœur était souffrante, est allée l'embrasser dans sa chambre. Sachant que

Germaine adore écouter aux portes (elle en sait beaucoup trop sur sa future bru...), « Alice » et « Luciane » se sont mises... en quatre pour ne pas la décevoir. Ensuite, « Alice » et Germaine sont allées dîner, elles ont vu un film et elles sont rentrées. Pendant la nuit, « Luciane » s'est levée en faisant un peu de bruit pour attirer l'attention de Germaine Le Guern, insomniaque invétérée. Comme nous le pensions, Germaine a mordu à l'hameçon et a papoté avec « Luciane » dans la cuisine, ce qui lui aura permis d'attester que les deux sœurs n'ont jamais quitté Paris cette nuit-là. Le moment le plus drôle pour nous a été d'aller la réveiller le lendemain matin. C'était la première et la dernière fois qu'elle nous voyait ensemble, et elle était toute fière de pouvoir déclarer qu'elle nous différenciait sans peine !

Celle qui avait tué Goffin était rentrée pendant la nuit. Il n'était pas question qu'elle reprenne le volant. C'est donc l'autre qui a joué de nouveau le rôle d'« Alice » pour le trajet du retour.

Qui de nous deux l'a tué ? C'est notre secret, et ça n'a aucune importance. Toute cette histoire est bourrée de faux-semblants. Il est juste qu'elle se termine par une incertitude. Ce qui compte, c'est que nous avons photocopié et annoté les dossiers les plus sensibles de ce salaud, et envoyé les copies à plusieurs journalistes. Les révélations d'Aline Barzat et de Denise Marchand seront ainsi corroborées par des pièces indiscutables. Dans quelques mois, plus personne ne voudra se salir la bouche en prononçant le nom d'Édouard Goffin. Sa mort ne fera pas revivre Charly ou les femmes dont il a certainement provoqué la mort. Mais son nom cessera d'inspirer l'admiration et le respect, et ce sera justice.

Quant à nous, nous allons disparaître. Nous avons préparé notre départ depuis longtemps et, quand tu liras cette lettre, nous serons hors d'atteinte. Je ne te le dis pas pour te dissuader de nous rechercher, mais pour te rassurer : plus rien ne pourra nous séparer, plus rien ne pourra nous faire de mal.

Nous t'avons toujours aimé comme un frère, Jean. Luciane et moi, nous espérons que tu ne nous en voudras pas de toutes ces années de silence. Nous savons combien tu crois en la justice et en l'amitié. Quoi que tu fasses de notre secret, nous savons que tu ne trahiras pas tes convictions. Et nous te confions deux messages.

Dis à Bruno que, dans une autre vie, Luciane aurait aimé se réveiller chaque jour dans le même lit que lui.

Et, s'il te plaît, dis à Gabriel que je l'aimais.

Avec toute notre tendresse,

Alice .

33

Pourquoi pas !

Jean, Bruno et Gabriel brûleront la lettre et iront disperser les cendres dans la Tourmente. Ils se promettront de lever leur verre chaque premier mardi d'octobre en souvenir d'Alice, de Luciane et de Charly, et ils tiendront parole.

Pauline incitera Bruno à réaliser son vieux rêve d'écrire un *whodunit* dans lequel il serait question d'un crime presque impossible

Le docteur Molina présentera à Jean un jeune médecin légiste du nom de Charly Lhombre, et ce sera le début d'une belle amitié.

Quant à Gabriel, il s'en retournera au *Pied de Porc à la Sainte-Scolasse* un bouquin sous le bras et Gérard lui demandera :

– C'est quoi, ce bouquin ?

– Un cadeau que m'a fait Cheryl...

– Fais voir !... C'est quoi, ce truc-là ? *Seins,* par Ramón Gómez de la Serna ? Y a même pas de photos !

– C’est de la poésie, Gérard, pas un bouquin porno...

En reniflant, Gérard lui rendra le livre et demandera, avec un sourire malin :

– Alors, Lecouvreur, qu’est-ce que t’as fait de ton week-end ?

– À vrai dire, pas grand-chose. J’ai regardé des cassettes vidéo avec un médecin de campagne et un juge d’instruction...

Le cafetier en laissera tomber sa clope.

– Ben alors, depuis quelques années tu m’en racontes des tonnes, mais tu ne crois tout de même pas que je vais avaler *ça* !

Post-scriptum

Les personnages, les lieux et les situations décrits dans ce roman sont imaginaires.

Les crimes, eux, ne le sont pas tout à fait.

En février 2000, le *New York Times* révélait qu'un chercheur sud-africain réputé avait reconnu publiquement avoir falsifié les résultats de ses essais sur la chimiothérapie du cancer du sein.

La publication de ces essais truqués avait incité des cancérologues de plusieurs autres pays du monde à recourir au même protocole thérapeutique, et entraîné des effets secondaires graves chez leurs patientes.

DÉJÀ PARUS AUX ÉDITIONS BALEINE

Le Poulpe

1. Jean-Bernard Pouy - *La petite écuyère a cafté*
Prix Paul Féval de littérature populaire 1996
2. Serge Quadruppani - *Saigne sur mer*
4. Patrick Raynal - *Arrêtez le carrelage*
7. Didier Daeninckx - *Nazis dans le métro*
8. Noël Simsolo - *Un travelo nommé désir*
9. Franck Pavloff - *Un trou dans la zone*
11. Paul Vecchiali - *La pieuvre par neuf*
12. Jean-Jacques Reboux - *La cerise sur le gâteux*
13. Claude Mesplède - *Le cantique des cantines*
14. Pascal Dessaint - *Les pis rennais*
15. Olivier Thiébaut - *Les pieds de la dame aux clebs*
16. Gérard Delteil - *Chili incarné*
17. Bertrand Delcour - *Les sectes mercenaires*
18. Roger Martin - *Le G. A. L., l'égout*
19. Jean-Christophe Pinpin - *Les gens bons bâillonnés*
20. Hervé Prudon - *Ouarzazate et mourir*
21. Guillaume Nicloux - *Le saint des seins*
26. Roger Dadoun - *Allah recherche l'autan perdu*
27. Pascale Fonteneau - *Les damnés de l'artère*
28. Sylvie Granotier - *Comme un coq en plâtre*
31. Romain Goupil - *Lundi, c'est sodomie*
32. Olivier Douyère - *Bunker menteur*
34. François Joly - *Chicagone*
35. Michel Chevron - *J'irai faire Kafka sur vos tombes*
37. Mano Gentil - *Boucher double*
39. Mouloud Akkouche - *Causse toujours !*
40. Serge Meynard - *Lapin dixit*
41. Chantal Pelletier - *Lavande tuera*
43. Michel Cardoze - *Du hachis à Parmentier*
44. Jacques Vallet - *L'amour tarde à Dijon*

48. Gérard Lefort - *Vomi soit qui malle y pense*
49. Yannick Bourg - *Les potes de la perception*
50. Aïdé Caillot - *Le Karma saut'ra*
54. Alain Puiseux - *Je repars à Zorro*
55. Alain Bellet - *Danse avec Loulou*
58. Cesare Battisti - *J'aurai ta Pau*
59. Lucio Mad - *Dakar en barre*
60. Stéphanie Benson - *Crève de plaisanterie*
64. Bruce Mayence - *La Belge et la bête*
65. Hervé Mestron - *Eva te faire voir !*
66. Guillaume Darnaud - *Le crépuscule des vieux*
Prix du Zinc 1998

Coffret Un été de Poulpe (trois titres) :

69. Fabienne Tsaï - *Sans foie ni loi*
70. Alain Raybaud - *La lune dans le congélo*
71. Guillaume Chérel - *Tropique du grand cerf*
72. Jacky Pop - *La neige du killerman manchot*
73. Gérard Lecas - *Satanique ta mère !*
74. Evane Hanska - *Le bal des dégoûtantes*
78. Serge Livrozet - *Nice Baie d'aisance*
79. Jean-Luc Poisson - *Le chien des bas serviles*
82. Laurent Fétis - *L'aorte sauvage*
83. Hervé Korian - *Les bêtes du Gévaudan*
84. Woô Manh - *Docteur J'abuse*
87. Jean-Pierre Andrevon - *Papy end*
88. Jacques Albina - *Lazare dîne à Luynes*
89. Hervé Le Tellier - *La disparition de Perek*

Joyeux Gabriel (coffret quatre titres) :

92. Robert Deleuse - *La bête au bois dormant*
93. Christian Congiu - *La Nantes religieuse*
94. Chantal Montellier - *La dingue aux marrons*
95. Pierre-Alain Mesplède - *E pericoloso for Jersey*
96. Patrick Eris - *Une balle dans l'esthète*
97. Gilles Vidal - *Les deniers du colt*
98. Monique Demerson - *Fugue en Nîmes majeur*

Cent pour sang bande dessinée (coffret trois titres)

100. Mako - *Le Nord aux dents*
101. Olivier Balez - *L'Opus à l'oreille*
102. Jean-Luc Cochet - *La bande décimée*
103. Jean-Jacques Busino - *Au nom du piètre qui a l'essieu*
104. Paul Milan - *Légitime défonce*
105. Grégoire Carbasse - *L'Helvète underground*
108. Philippe Carrese - *Allons au fond de l'apathie*
109. Michel Boujut - *Les Jarnaqueurs*
110. Catherine Fradier - *Un poison nommé Rwanda*
113. Georges-J. Arnaud - *L'antizyklon des atroces*
114. Serge Turbé - *Ataxie pour Hazebrouck*
115. Grégoire Forbin - *Zombi la mouche*
118. José-Louis Bocquet - *Zarmaggedon*
119. Bellanti & Vacher - *Le manuscrit de la mémère morte*
120. Sylvie Rouch - *Meufs Mimosas*
123. Pierre Filoche - *Éros les tanna tous*
124. Michel Musolino - *Plus dur sera le chiite*
125. Didier Vandemelk - *Le carnaval de Denise*
128. M. Pelé & F. Prilleux - *Kop d'immondes*
129. François Billard - *Don qui shoote et la manque*
130. J.-P. Deleixhe, G. Delhasse & C. Libens - *Du pont liégeois*
133. Jacques Vettier - *La petite marchande de doses*
134. Alain Leygonie - *Mali mélo*
135. Danièle Rousselier - *Tananarive qu'aux autres*
136. Philippe Delepierre - *L'Aztèque du charro laid*
137. Pierre Fossard - *Veine haineuse*
138. Albédo - *Les pourritures célestes*
139. Lionel Besnier - *Macadam cobaye*
144. Andreu Martín - *Vainqueurs et cons vaincus*
145. G. Nicloux, J.-B. Pouy, P. Raynal - *Le Poulpe, le film*
147. Nila Kazar - *Madame est Serbie*
148. Pierre Fort - *Le mec à l'eau de la Générale*

149. Stéphane Geffray - *Les Teutons flingueurs*
152. Alain Aucouturier - *L'arthritique de la raison dure*
154. Thierry Reboud - *Un nain seul n'a pas de proches*
155. Cyril Berneron - *La pensée inique*
159. Pierre Kolaire - *Sur la ligne Marginaux*
160. Dominique Renaud - *Feinte alliance*
163. Cyprien Luraghi - *Pour cigogne le glas*
164. Christian Rauth - *La Brie ne fait pas le moine*
167. David Downie - *La tour de l'immonde*
168. Marcus Malte - *Le vrai con maltais*
170. Yan Molin - *L'évincé au fond du pouvoir*
171. Claude Ardid - *Belles et putes*
173. Franck Resplandy - *Lisier dans les yeux*
174. Pierre Barachant - *Quand les poulpes auront des dents*
177. Cédric Suillot - *Goulasch-moi les baskets !*
178. Sophie Loubière - *La petite fille aux oubliettes*
181. Adna H - *L'agneau pas squale*
182. Orange amère - *L'ordure, hein !*
185. Didier Daeninckx - *Ethique en toc*
187. Francis Pornon - *Saône interdite*
189. Jean-Marc Ligny - *Le cinquième est dément*
190. Stéphane Koechlin - *Jeux de Roumains, jeux de vilains*
192. Michel Dolbec - *Palet dégueulasse*
193. Michel Abax - *Un pastis à la soviet*
196. Alain Wagneur - *Drôle de drums*
197. Patrick Mercado - *Des gourous et des douleurs*
199. Gérard Streiff - *Le cas G. B.*
200. Le Poulpe au lycée
201. Violaine Bérot - *Notre père qui êtes odieux*
203. Olivier Mau - *Belle mère en l'île*
204. Emma Christa - *Les ravies au lit*
205. Pierre Magne - *A Freud, sales et méchants*
206. Mariano Sánchez-Soler - *Oasis pour l'OAS*
208. Patrick Arduise - *Psy cause*

210. Didier Quester - *Lady commandement*
211. Jean Marbœuf - *Je bande à Bonnot*
213. Antoine Blocier - *Vol au-dessus d'un nid de cocos*
214. Pierre Bourgeade - *Gab save the Di*
216. Vladimir Bodiansky - *Une valse de slave nu*
217. Pierre Garcette - *Guère épais*
219. Guillaumin Sor - *Pompe et peine petite khmère*
221. Martin Winckler - *Touche pas à mes deux seins*
223. Florian Gratton - *Les Dix Scouts de l'abbé Todd*

Instantanés de Polar

3. Franck Pavloff - *Foulée noire*
5. Olivier Thiébaut - *Larmes de fond*
6. Jean-Jacques Reboux - *Le massacre des innocents*
   Trophée 813 du meilleur roman francophone 1996
10. Noël Simsolo - *Couleur sang*
22. Guillaume Nicloux - *Zoocity*
38. Bertrand Delcour - *Zen*
47. Jean-Jacques Reboux - *Fondu au noir*
53. Michel Chevron - *Les Purifiants*
57. Yasmina Khadra - *Morituri*
    Trophée 813 du meilleur roman francophone 1997
63. Pierre Siniac - *L'affreux joujou*
68. Noël Simsolo - *Apocalypse Nord*
77. Pascale Fonteneau - *La puissance du désordre*
81. Yasmina Khadra - *Double blanc*
86. Patrick Mercado - *Scooter triades*
91. Patrick Raynal - *Nice-Est*
107. Franck Pavloff - *Les yeux de Bee*
112. Sylvie Granotier - *Courrier posthume*
117. Jean-Jacques Reboux - *Poste mortem*
126. Yasmina Khadra - *L'automne des chimères*
131. Yves Bulteau - *Paso de la muerte*
142. Caryl Férey - *Haka*
150. Michel Steiner - *Mainmorte*
153. Christophe Mager - *Les feuilletons d'amour*

156. Noël Simsolo - *Les enfants de l'enfer*
158. Annie Barrière - *Une belle ville comme moi*
161. Laurent Beauvois - *Bafoués*
165. Cédric Comtesse - *Les filles roses n'ont pas de fantôme*
172. Michel Steiner - *Petites morts dans un hôpital psychiatrique de campagne*
175. Jean-Claude Schineizer - *Le pégase du Ponant*
179. Tullio Forgiarini - *Miss Mona*
183. Roger Facon - *Flic suspendu n'est pas ripou*
188. Philippe Delepierre - *Triumvir*
191. Daniel Decroix - *Rue du cirque*
194. Gilles Corre - *Saxo solo*
198. Laurent Beauvois - *Le chien d'en face*
202. Christophe Mager - *Je suis très beau*
207. Olivier Garnier - *Canines et péronnelles*
209. Roger Facon - *Le Requiem de John Edgar*
212. Annie Barrière - *Un cochonnet de trop*
215. Pierre Filoche - *Le Septième Pilier*
218. Gérard Lapagesse - *L'Art et la Banière*
220. Firmin Mussard - *Retrait du percuteur*
222. Jacques Vettier - *Aves sotavento*
224. Jean-Bernard Pouy - *L'Angoisse du banc de touche au moment du coup d'envoi*

Canaille/Revolver

23. Jean-Bernard Pouy - *Spinoza encule Hegel*
24. Patrick Raynal - *La clef de seize*
25. Anne Matalon - *Petit abécédaire des entreprises malheureuses*
29. Michel Chevron - *Fille de sang*
30. Emma Christa - *Elles sont pas croyables !*
33. Alexandre Dumal - *Burundunga !*
36. Pierre Filoche - *Le banquet des ogres*
42. Gilles Vander - *Divan terrible*
45. Gérard Lecas - *MLF vaincra !*
46. Sylvie Picard - *Serial victime*

51. Dashiell Penac'h - *Le deuil dans le miroir*
52. Pierre Fossard - *Je suis un assassin*
56. Pierre Cherruau - *Nena Rastaquouère*
61. Pierre Filoche - *Quand on a que la mort*
62. Sylvie Rouch - *Zoé s'en va-t-au ciel*
67. Patrick Raynal - *Nice 42ème rue*
75. Anne Matalon - *Alba Capra*
76. Evane Hanska - *Une hirondelle dans le beffroi*
80. Yves Bulteau - *Naïma*
85. Jean-Pierre Andrevon - *Blanche est la couleur des rêves*
90. François Joly - *Le grand blanc*
106. Brigitte Dyan - *Un soupçon de vertu*
111. Jean-Bernard Pouy - *À sec !*
116. Jocelyne Sauvard - *La nuit du rappeur*
121. Frédéric Chagnard - *Cinq jours sur Terre*
122. François Vitalis - *L'arène des pigeons*
127. Chawki Amari - *De bonnes nouvelles d'Algérie*
132. Pierre Siniac - *Bazar bizarre*
140. Christian Poslaniec - *Le mal des fleurs*
141. Sylvie Cohen - *Reno, Nevada*
143. Marie & Georges Wils - *Il faut tuer René Dousquet !*
146. Pierre Fossard - *La route sanglante*
151. Pierre Filoche - *Nanks*
157. Anne Soalhat - *Nazes brocs*
162. Jean-Bernard Pouy - *La chasse au tatou dans la pampa argentine (et autres nouvelles)*
166. Emma Christa - *Elles sont toujours pas croyables !*
169. Élise Fugler - *Les frigos ont horreur du vide*
176. Catherine Fradier - *Les carnassières*
180. Pierre Cherruau - *Lagos 666*
184. Yves Bulteau - *Julie et Smaïn*
195. François Vitalis - *Les dents de la Joconde*

Tourisme & Polar

Jean-Bernard Pouy - *J'ai fait l'aérotrain*
Michel Lebrun - *L'égarement*

Jean-François Vilar - *Les fous de Chaillot*
Michel Pelé - *L'interprétation des raves*
Franck Pavloff - *La gare de Lourenço-Marquès*
Serge Meynard - *Dans le Doubs, absinthe-toi !*
Pascale Fonteneau - *Maelbeek*
Olivier Thiébaut - *J'irai revoir mon Cotentin*
Marc Villard - *Les Rosbifs de Montorgueil*
François Braud - *L'appel du bitume*
José-Louis Bocquet - *Le banquet de Merlin*
Eusèbe Dessaint - *En quête de chemins*
Lucio Mad - *Bamako !*
Michel Leydier - *La Sposata*
Pascal Dessaint - *Journal de Grèce*
Olivier Mau - *Un petit cou de trop derrière la cravate*

Macno

1. Ayerdhal - *Consciences virtuelles*
2. Riton V. - *Dose létale à Lutèce-land*
3. Stéphanie Benson - *Le passage*
4. Jean-Pierre Andrevon - *Cinq anguilles dans une botte d'humains*
5. Michel Chevron - *Gavial poursuite*
6. Gilbert Gallerne - *Petit homme vert*
7. Philippe Curval - *Macno emmerde la mort*
8. Philippe Machine - *Les post-humains*
9. Francis Mizio - *La vie ultra-moderne*
10. Jean-Marc Ligny - *Les chants des IA au fond des réseaux*
11. Claude Ecken - *Petites vertus virtuelles*
12. Jacques Vettier - *Sous les nuées vertes*
13. Gekko Hopman - *Des corps platoniques*
14. Rémy Gallart & Roland C. Wagner - *Le pacte des esclavagistes*
15. Jean-Luc Cochet & Claude Lacroix - *Pop Hall*

Velours

1. Frédéric H. Fajardie - *Reines dans la ville*
2. Isabelle Motrot - *Faux serments*
3. Marie Colmant - *Tapis vert*
4. Caroline Thivel - *Je t'épouse dans les cheveux*
5. Jocelyne Sauvard - *D'Alex à Lise*
6. Françoise Laurent - *Les dunes au clair de lune*
7. Laurence Gavron - *Marabouts d'ficelle*
8. Gérard Alle - *Un air à faire pleurer la mariée*
9. Noël Simsolo - *Retour d'amour à Lille*
10. Hervé Lavayssière - *Confessions d'un salopard*
11. Raphaële Eschenbrenner - *L'homme sans accessoires*
12. Olivia Regard - *Victoria*
13. Gekko Hopman - *Vite, vite, lent !*
14. Jean-Jacques Reboux - *Le Voyage de monsieur Victor*
15. Jimmy Sabater - *Plaisirs et châtiments*
16. Yan Molin - *Un peu plus tard au Sud*

Hors collection

Collectif - *Nazaire x*
Collectif - *Romands noirs*
Collectif - *Marche ou greve !*
Collectif - *Deuxième Debre*
Jean-Bernard Pouy - *Les gros culs*
Collectif - *Requiem pour un muckraker*
Collectif - *Les 7 familles du polar*
Didier Daeninckx & Noël Simsolo - *Tête à queue*
Francis Mizio - *Twist tropique*
Gérard Alle - *Crachins, nouvelles fraîches de Bretagne*

Ultimes

1. Eve Derrien - *Journal de la fin du monde*
2. Dunia Miralles - *Swiss trash*
3. Gérard Alle - *Il faut buter les patates*
4. Gérald Bronner - *Journal de guerre*

5. Bénédicte Heim - *Soleil cou coupé*
6. Sylvie Cohen - *Sale type*

Série grise

1. Jean-Bernard Pouy - *Démons et vermeils*
2. Francis Mizio - *Les hommes préfèrent les sondes*
3. Mouloud Akkouche - *Sur la route de Bauliac*
4. Guillaume Nicloux - *L'honneur perdu de Georges Blesse*
5. Woô Manh & Jacky Pop - *Des verts et des bien mûrs*
6. Serge Meynard - *Le chant des couturières*
7. Olivier Douyère - *Monsieur Lavabeau*
8. Patrick Raynal - *La Poignée dans le coin*
9. Gérard Alle - *Bartali zig-zag*
10. Thierry Crifo - *Vieux comme le monde*
11. Pierre Siniac - *Le Crime du dernier métro*
12. Jean-Claude Schineizer - *Pépère et l'omnibus*

Pierre de Gondol

1. Jean-Bernard Pouy - *1280 âmes*
2. Remi Schulz - *Sous les pans du bizarre*
3. Philippe Kerbellec - *La Montre du Mède*
4. Roland Brasseur - *Le Cinquante Quatrième Jour*
5. Cédric Fabre - *La Pente si sage de la vie*

Si près / si loin

Marc Menonville - *Je te permettrai de mourir*
Marie Pasanen - *Le Dernier Tableau*
Sébastien Doubinsky - *Mira Ceti*

GROUPE CPI

Achevé d'imprimer en juillet 2001 par
BUSSIÈRE CAMEDAN IMPRIMERIES
à Saint-Amand-Montrond (Cher)
N° d'édition : 41535-3. - N° d'impression : 013276/1.
Dépôt légal : juin 2001.
Imprimé en France
PAO : éditions du Seuil